INFIERNO EN LA TIERRA II

Libro documental

NORMA ESTELA FERREYRA

Este libro está publicado en España, registrado en Londres y editado en EEUU, como paperback, de acuerdo a las reglas que allí se requieren y puede comercializarse en todo el mundo.

COPYRIGHT AÑO 2013
ISBN 978-1-291.55677-3

NOTA DE LA AUTORA

He querido reflejar en este libro documental las palabras de un gran hombre, quien dijo. " LA GUERRA SE VENDE MINTIENDO, como se venden los autos. Son operaciones de Marketing y opinión pública, "targets".

En el año 1964, el presidente Lyndon Jonson, denunció que los vietnamitas habían atacado 2 buques de los EEUU en el Golfo de Tonkin. Y entonces el presidente Jonson, invadió Vietnam. Cuando ya la guerra había destripado a una gran multitud de vietnamitas, en su mayoría mujeres y niños. El Ministro de defensa de Jonson, Robert Macnamara, confesó que el ataque del Golfo de Tonkin nunca había existido. Los muertos no resucitaron. Y en Marzo del 2003, el presidente George Bush informó que Irak, estaba a punto de aniquilar al planeta, eran según él, las armas más letales jamás inventadas y entonces el Presidente atacó Irak. Y cuando ya la guerra había destripado a una buena multitud de iraquíes, en su mayoría mujeres y niños, el presidente Bush confesó que esas armas letales, jamás inventadas, habían sido inventadas por él.

Cuando hace ya unos cuantos años, mi mamá me daba instrucciones para vivir, entre otras cosas, me aseguró que la mentira tenía patas cortas. Pero la mentira tiene patas larguísimas, porque en las elecciones siguientes, el pueblo recompensó al presidente Bush, reeligiéndolo".

Fuente: video de You Tube, de nuestro querido EDUARDO GALEANO.

Los periódicos se están convirtiendo en juguetes de multimillonarios

Roberto Savio

Hoy pocas personas saben que cuando se crearon las primeras agencias de noticias en el siglo XIX, la Havas francesa y la británica Reuter dividieron el mundo entre ellas. La división siguió las fronteras de los dos imperios coloniales. América Latina, fue a parar en manos de Havas, mientras Reuter se quedó con Estados Unidos.

La primera agencia estadounidense que rompió el monopolio fue la United Press International (UPI), alegando que Estados Unidos no podía ser visto a través de los ojos británicos, un argumento muy parecido a la queja del Tercer Mundo contra el monopolio de información del Norte.

En el mundo de los medios, esta agencia era considerada un gigante, por lo que fue una sorpresa cuando en 1986 un millonario mexicano, Mario Vázquez Raña, compró la UPI por 41 millones de dólares y pronunció la célebre frase: "Yo tenía dos jets Falcon. Vendí uno y compré la UPI."

Desde entonces, la concentración de medios en manos de multimillonarios ha proliferado. Los casos de Murdoch y Berlusconi son los más famosos.

Algunos observadores ven en esto un giro a la derecha, impulsado por los que tienen dinero. No se trata de una teoría conspirativa. Simplemente, 100 poseedores de un Ferrari tienden a tener una visión más coincidente sobre las cosas, que por ejemplo, los dueños de 100 Volkswagen.

Estados Unidos es un buen observatorio en el mundo de la información. En efecto, la expresión medios de comunicación de masas fue acuñada en los EE.UU., debido a que las ventas de los medios debían ser grandes para considerarse viables. En Europa, los medios no se dirigían a las masas. El famoso Times de Londres (ahora en manos de Murdoch) vendía unas 50.000 copias, y sus lectores eran élite del Imperio Británico. Los periódicos europeos eran culturales, con artículos largos y bastante analíticos. Los medios de comunicación estadounidenses partieron en la dirección opuesta y así nacieron los "mass media."

En las últimas semanas, una impresionante serie de prestigiosos periódicos estadounidenses fueron comprados por multimillonarios. El caso más conocido es el del Washington Post, considerado el diario más influyente junto con el New York Times.

Durante los últimos 80 años, el Post estuvo en manos de la misma familia, los Graham. Jeffrey Bezos, fundador de la Amazon, lo compró por 250 millones de dólares, cifra que representa uno por ciento de los 25.000 millones de su fortuna personal. (Amazon cuenta con una capitalización de mercado de 128.370 millones de dólares). La venta incluyó en el paquete otros varios periódicos locales, evaluados hace diez años en 5.000 millones de dólares.

Este hecho es el golpe de muerte definitivo para los periódicos de propiedad familiar. Hubo un tiempo en que los Chandler eran propietarios de Los Angeles Times, los Copley del San Diego Tribune, los Cowles del Minneapolis Star Tribune, y los Bancroft del Wall Street Journal (WSJ).

Aquellas familias defendieron la independencia y la identidad de sus periódicos. Es patente la diferencia entre el WSJ en los tiempos de los Bancroft, y el de ahora, propiedad del omnipresente Murdoch.

Rupert Murdoch
El Boston Globe fue comprado por otro multimillonario, John Henry, por apenas 70 millones de dólares. El New York Times pagó 1.100 millones de dólares en 1993 por el Globe.

Hasta cuándo seguirá siendo el NYT la última referencia del periódico familiar, en este caso propiedad de cuatro generaciones de la familia Sulzberger, desde 1896? El NYT no sufre pérdidas, pero no deja de ser un pez mariposa en un mundo de tiburones. Tiene una capitalización de mercado de 1.670 millones frente a los 56.663 millones de activos de la Murdoch News Corporation, los 27.000 millones de la familia Bloomberg, los 93.860 millones de Facebook, o los 282.040 millones de Google. Dicho de otra forma, hoy en día la palabra la tiene el dinero. Y según parece, la batalla por el futuro se librará en Internet.

La Alianza de Medios Auditados informó recientemente sobre una reducción drástica en las ventas de revistas. Newsweek fue comprada en 2010 por un dólar por IBT Media, una compañía poco conocida, mientras otras revistas, como Vogue, Vanity Fair, Metropolitan y People, siguen por igual camino. Según la misma fuente, en Estados Unidos las suscripciones en línea subieron de 5,4 a 10,2 millones en el último año.

El New York Times ha superado ya los 60.000 suscriptores gracias a una agresiva campaña de suscripciones en línea. Están seguros de que esto garantizará la viabilidad a largo plazo del periódico y así descartan la posibilidad de venta.

Pero lo que se avecina en el horizonte es que la línea que separaba los medios de comunicación en cuanto a contenido, de las redes de distribución, se está volviendo borrosa. Google, Facebook, Microsoft y Yahoo buscan más noticias para transmitir, y más publicidad. Con la compra de YouTube y Zagat, Google se ha trasladado de lleno en el campo del contenido. Yahoo ha comprado un nuevo un sistema de microblogging que permite que 119 millones de usuarios publiquen rápidamente palabras e imágenes, por 1.100 millones de dólares, más del triple de los precios combinados de la venta del Post y del Globe. Nada más demostrativo de cómo los nombres de prestigio están a precio de saldo.

Sin embargo los suscriptores en línea representan un cambio antropológico en relación al antiguo lector. Las suyas son mentes inquietas, ansiosas por cambiar de página, y esto hará que se reduzcan progresivamente los artículos extensos y los análisis. Este proceso se acentuará a medida que avance el cambio generacional.

Un estudio detallado de la Universidad de París señala que entre las personas de entre 14 a 16 años se observa un período de atención más corto que el de sus padres, algo que cualquier profesor puede confirmar.

Asimismo, para los jóvenes está desapareciendo la frontera entre el periodismo tradicional y profesional y el llamado periodismo ciudadano, realizado por cualquier persona que quiera publicar noticias y fotos en la red. Como resultado cualquier texto de más de 850 palabras (como este artículo muy resumido de 1.017 palabras), se considera excesivamente largo para ser publicado. ¿Presagia esto un mundo mejor informado y más consciente?

*Fundador y presidente emérito de la agencia de noticias IPS (Inter Press Service) y publisher de Other News.

El derrocamiento de Allende, contado por Washington

Enviado por Entrediarios el 11/09/2013
Etiquetas: chile

Desde 1961, apenas posesionado, el presidente John F. Kennedy nombró un comité encargado de las elecciones que se desarrollarían en Chile tres años después. Según la investigación de la Comisión Church del Senado estadounidense[1], estuvo compuesto de altos responsable del Departamento de Estado, la Casa Blanca y la CIA. Este Comité fue reproducido en la embajada estadounidense en Santiago, capital chilena. El objetivo era impedir que el candidato socialista, Salvador Allende, ganara los comicios [2].

Allende era un marxista convencido de que por la vía pacífica se podía llegar al gobierno, y, desde ahí, darle un vuelco a las estructuras del Estado en beneficio de las mayorías empobrecidas. Expresaba que para lograr tal objetivo se debía nacionalizar las grandes industrias, priorizando las que estaban en manos estadounidenses, al ser éstas las que explotaban los recursos estratégicos. Estos, y otros ideales sociales, lo convirtieron en un indeseable para Washington: podría servir de ejemplo para los pueblos de otras naciones latinoamericanas.

Para hacerle oposición, varios millones de dólares fueron distribuidos entre los partidos políticos de centro y de la derecha para que realizaran su propaganda. Al momento de elegir el candidato a la presidencia, Washington decidió apoyar a Eduardo Frei, del partido Demócrata Cristiano, un personaje que impuso a sus otros financiados.

En total, la operación costó unos veinte millones de dólares, una suma inmensa para la época, al punto de sólo poderse comparar con lo gastado en las elecciones presidenciales estadounidenses. Es que Washington no tanto invirtió en el candidato Frey, sino que realizó toda una campaña de propaganda anticomunista a largo plazo.

La Comisión del Senado dijo: "Se explotaron todos los medios posibles: prensa, radio, películas, volantes, folletos, correos, banderolas, pinturas murales." La Comisión reconoció que la CIA realizó, por intermedio de sus partidos comprados y varias organizaciones sociales, una "campaña alarmista" donde el objetivo principal fueron las mujeres, a las cuales se les aseguraba que los soviéticos y los cubanos llegarían para arrebatarle a sus hijos si ganaba Allende. Afiches distribuidos masivamente mostraban a niños llevando en la frente un tatuaje con la hoz y el martillo. La tradición religiosa también fue manipulada al máximo para que se temiera al "comunismo ateo e impío."

La operación psicológica funcionó por encima de las expectativas: Frei logró el 56% de votos, mientras que Allende el 39%. La CIA, según la Comisión del Senado, aseguró que "la campaña de inculcar miedo anticomunista había sido la más eficaz de todas las actividades adelantadas."

Fue una operación psicológica, con carácter de guerra, cuya base eran los planes aplicados en Guatemala que terminaron derrocando al presidente Jacobo Arbenz, en junio de 1954 [3]. Una operación que en Chile no se desmanteló con el triunfo de Frei, porque, a pesar de todo, la cantidad de votos logrados por Allende fue alta. Y el vencido tenía todas las intenciones de presentarse a las futuras elecciones.

En sus Memorias William "Bill" Colby, jefe de la CIA entre 1973 y1976, cuenta que durante las elecciones presidenciales de 1970, "la CIA debió dirigir todos los esfuerzos contra el marxista Allende. Ella se encargó de organizar una vasta campaña de propaganda contra su candidatura." [4] La operación se llamó "Segunda Vía". Todo por orden directa del presidente Richard Nixon.

Henry Kissinger, el consejero para la Seguridad Nacional del presidente, expresaría durante una reunión del Consejo de Seguridad sobre Chile, el 27 de junio de 1970: "Yo no veo por qué debemos quedarnos indiferentes, mientras un país cae en el comunismo por culpa de la irresponsabilidad de su pueblo." [5] O sea, la soberana decisión de los ciudadanos no podía ser válida si no estaba en concordancia con los intereses estadounidenses. Durante esta reunión se decidió sumar trescientos mil dólares a la operación de propaganda que ya se adelantaba.

Según la Comisión Church del senado, Richard Helms, jefe de la CIA desde 1966, envió a dos oficiales de la CIA, a los que conocía desde los primeros preparativos de invasión a Cuba, como responsables; ambos especialistas de la guerra psicológica y la desinformación; con importante participación en el golpe de Estado en Guatemala, y acababan de desembarcar de la guerra en Indochina: David Atlee Phillips y David Sánchez Morales. La Comisión del Senado dijo que una de las consignas que englobaba la campaña era: "La victoria de Allende significa la violencia y la represión estalinista."

Pero el 4 de septiembre de 1970 Allende ganó las elecciones. Escribe Colby que "Nixon entró en cólera. Él estaba convencido de que la victoria de Allende haría pasar a Chile al campo de la revolución castrista y anti-americana, y que el resto de América Latina no tardaría en seguirle los pasos." Prosigue el ex patrón de la CIA: Nixon convocó a Helms "y le impuso muy claramente la responsabilidad de evitar que Allende asumiera sus funciones." En la misma reunión Nixon encargó a Kissinger darle un seguimiento estricto al complot.

Es que quedaba una posibilidad para evitar que Allende asumiera la presidencia: había triunfado pero con una mayoría relativa, debido a que las fuerzas de izquierda se habían dividido, carcomidas por la campaña mediática y/o el dinero que la CIA logró inyectar a ciertos grupos. Por tanto el Congreso chileno se debía reunir el 24 de octubre para decidir entre Allende y Jorge Alessandri, candidato del partido conservador y quien obtuviera la segunda votación. El plan de Washington era, entonces, comprar el voto de congresistas para que no confirmaran el triunfo del socialista. Helms envió a un "grupo de trabajo" que mantuvo una "actividad frenética" durante seis semanas", según relata Colby. Esto tampoco funcionó y Allende sería declarado ganador de las elecciones.

Los operarios especiales de la CIA tomaron contacto con responsables políticos y militares para seleccionar aquellos que podrían estar listos para actuar contra Allende, "y determinar con ellos la ayuda financiera, las armas y el material que fuera necesario para barrerlo de la ruta hacia la presidencia", según Colby.

La mayor esperanza se centró en las Fuerzas Armadas, pero todo dependía de su comandante, el general René Schneider. El problema que encontró la CIA es que este militar había expresado claramente que su institución respetaría la Constitución. Y Colby, en sus Memorias, reconoce con una naturalidad espeluznante: "Entonces era un hombre a matar. Se organiza contra él una tentativa de secuestro que termina mal: fue herido al oponer resistencia y muere poco después debido a las heridas."

Según la Comisión Church el 22 de octubre, muy temprano en la mañana, la CIA entregó a conspiradores chilenos metralletas y municiones "esterilizadas", denominadas así porque en caso de investigación no es posible determinar su origen. Horas después se produjo el atentado. Tres días después moriría Schneider, "el hombre a matar". Inmediatamente el presidente Nixon envió un cínico mensaje a su homólogo chileno: "Yo quisiera hacerle parte de mi dolor ante este repugnante acto." El sucesor de Schneider sería un tal general Pinochet.

El 3 de noviembre de 1970 Allende se posesionó como presidente: Nixon no le envió el regular mensaje de felicitación que exige el protocolo diplomático, ni el embajador estadounidense asistió a la investidura.

Ahora correspondía preparar la desestabilización del nuevo gobierno, lo cual se encargaría a la Dirección del Hemisferio Occidental de la Agencia. Una dependencia que desde 1972 tuvo como director a un oficial con gran experiencia en operaciones clandestinas: Ted Shackley. Y éste nombró a su hombre-sombra, Tom Clines, para que se concentrara en el "caso Allende", teniendo bajo su responsabilidad a los viejos colegas Sánchez Morales y Atlee Phillips.

En marzo del siguiente año Bill Colby vuelve a ser el superior de Shackley y Clines como subdirector de Operaciones Especiales. Este trío regresaba de estar al frente de la guerra sucia en Indochina, muy particularmente en Vietnam.

Desde 1972 este equipo de la CIA, en Washington y Chile, fue desarrollando la operación más perfeccionada de desinformación y sabotaje económico que hasta ese momento se conociera en el mundo. Colby confesó que fue una "experiencia de laboratorio que demostró la eficacia de la inversión financiera para desacreditar y derrocar a un gobierno." [6]

No fue todo. Según la Comisión del Senado estadounidense, la estación de la CIA en Santiago se dedicó a recoger toda la información necesaria para un eventual golpe de Estado. "Listas de personas a detener; infraestructuras y personal civil que debían ser protegidos con prioridad; instalaciones gubernamentales a ocupar; planes de urgencia previstos por el gobierno si se diera un levantamiento militar." [7]

Según el ex funcionario del Departamento de Estado, William Blum, esta información sensible de Estado fue obtenida a partir de la "compra" de altos funcionarios y de dirigentes políticos de la coalición partidaria de Allende, La Unidad Popular [8] . Mientras que en Washington los empleados de la embajada chilena se quejaban de la desaparición de documentos, no sólo de la sede diplomática sino de sus propios domicilios. Sus comunicaciones fueron sometidas a escucha. Un trabajo realizado por el mismo equipo que muy poco después se involucraría en el Watergate. [9]

La acción contra Allende necesitó de una campaña internacional de difamación e intrigas. Buena parte de ella fue encargada a un inexperto en política exterior y casi desconocido político, aunque viejo conocido del presidente Nixon y de los hombres que adelantaban la operación: George H.W. Bush. Esa tarea la realizó como embajador en la ONU, función que ocupaba desde febrero de 1971. Cuando fue nombrado para el cargo nadie quiso recordar que pocos meses antes había logrado, como representante a la Cámara de Texas, que se restableciera en ese Estado la pena de muerte para los "homosexuales reincidentes".

El 11 de septiembre de 1973 se da el sangriento golpe de Estado contra el gobierno de Allende, encabezado por el general Augusto Pinochet, y se desata una terrible represión. Aunque Shackley había dejado su cargo unos días antes de aquel fatídico día, fue la figura clave en el operativo. Su biógrafo afirma: "Salvador Allende murió durante el golpe. Cuando el humo se disipó, el General Augusto Pinochet, dirigente de la Junta Militar, estaba en el poder dictatorial, debido en parte al arduo trabajo de Shackley [...]" [10]

Casi un mes después, el 16 de octubre, Henry Kissinger recibiría el Premio Nobel de la Paz... Al año siguiente del golpe, mientras la dictadura seguía ensangrentando a la nación, el presidente Gerald Ford declaraba que los estadounidenses habían actuado "por los mejores intereses de los chilenos y, obviamente, para los de Estados Unidos." [11]

Mientras que en 1980 el ex presidente Nixon escribiría: "Los detractores se preocupan únicamente por la represión política en Chile, e ignoran las libertades fruto de una economía libre [...] Más que reclamar la perfección inmediata en Chile, deberíamos apoyar los progresos realizados." [12]

(* Con algunos pocos cambios, este es un capitulo tomado del libro "El Equipo de Choque de la CIA". El Viejo Topo, Barcelona, 2010.)

Notas:

1- Comisión especial presidida por el senador Frank Church: "Alleged Assassination Plots Involving foreign Leaders." November, 1975. U.S. Government printing office 61-985, Washington, 1975.

2- Cover Action in Chile, 1963-1973. The Select Committe to Study Governmental Operations with Respect to Intelligence Activities, US Senate. Washington, 18 décembre 1975.

3- El presidente estadounidense Dwight David Eisenhower autorizó a la CIA el derrocamiento de Arbenz, aplicando un plan integral, inédito hasta ese momento en el continente, que contenía acciones de guerra sicológica, mercenaria y paramilitar, cuyo nombre en clave fue PBSUCCESS. Ver: Cullather, Nick. "Secret History: the CIA Classified Accounts of its Operations in Guatemala, 1952-1954". Stanford University. 1999.

4- Colby, William. "30 ans de C.I.A." Presses de la Renaissance. París, 1978.

5- Newsweek. Washington, 23 septembre 1974.

6- New York Times. 8 septembre 1974.

7- Cover Action in Chile, 1963-1973. Ob. Cit.

8- Blum, William. "Les guerres scélérates". Parangon, París 2004.

9- Watergate se llamaba el edificio donde ese encontraban las oficinas del Partido Demócrata. Ilegalmente, en 1972 el presidente Nixon ordenó que fueran puestas bajo escucha. Ante las pruebas y el escándalo el presidente debió renunciar en agosto de 1974. Ver: Marchetti, Victor y Marks, John. "La CIA et le culte du renseignement". Ed. Robert Laffont. París, 1975.

10- Corn, David. Blond Ghost, "Ted Shackley and the CIA's Crusades". Simon & Schuster. New York, 1994.

11- New York Times. 17 septembre 1974.

12- Nixon, Richard. "La vraie guerre". Albin Michel. París, 1980.

Fuente: Cuba Debate

Estados Unidos: Libertad de Hipocresía

Publicado: 21 ago 2013
Actualidad / Nuestros expertos / Eva Golinger
http://es.rt.com/qVA

Eva Golinger

La guerra contra los periodistas y denunciantes que revelan y critican los abusos de Washington está creciendo de manera alarmante. Durante el gobierno de Barack Obama, han sido perseguidos y criminalizados más empleados públicos que denuncian injusticias y violaciones dentro del Gobierno que en todos los Gobiernos anteriores en Estados Unidos

Los casos más conocidos incluyen al soldado Bradley Manning, responsable por filtrar cientos de miles de documentos clasificados sobre las operaciones militares del Pentágono y la política exterior de Washington a la organización WikiLeaks. Manning ha sido convicto de espionaje y robo de documentos por haber alertado al mundo sobre los graves crímenes de lesa humanidad y las violaciones de soberanía alrededor del mundo cometidos por el Gobierno de Estados Unidos. Ahora Manning, quien ya ha pasado tres años encarcelado esperando un juicio militar bajo condiciones de tortura, tendría que enfrentar décadas en prisión por haber revelado la verdad. Un joven soldado de su patria, sacrificado por la verdad.

El castigo y trato inhumano a Manning no impidió a que otros salieran a denunciar las graves violaciones de los derechos humanos perpetradas por Washington. Edward Snowden, exempleado de la Agencia Central de Inteligencia y la Agencia Nacional de Seguridad –dos de las agencias más secretas y clandestinas de Estados Unidos– impactó al mundo con sus revelaciones sobre el masivo aparato de espionaje del Gobierno estadounidense. Snowden, otro joven de apenas 30 años, tuvo que huir del territorio norteamericano para salvaguardar su vida. El caso de Manning y de otros denunciantes perseguidos por Obama le alertaba que un juicio justo contra alguien que enfrentaba al poder estadounidense, simplemente no era posible.

Snowden ha sido llamado traidor hasta por el propio presidente Obama, quien dijo en sus palabras que el exempleado de la inteligencia estadounidense "no era un patriota" y "debería regresar a su país para someterse a un juicio". No hay perdón en Estados Unidos para quienes denuncian, sin pelos en la lengua, los abusos y violaciones cometidas por "la mejor democracia del mundo".

La mayoría de los medios de comunicación en Estados Unidos o ignoran a Snowden y Manning o cuando no pueden ignorarlos, manipulan sus historias y los descalifican. El pobre debate en medios estadounidenses sobre estos dos valientes jóvenes se ha enfocado más en sus vidas personales que en el contenido y contexto de sus denuncias. Pocos periodistas dentro de Estados Unidos han tenido el coraje de profundizar el análisis sobre las denuncias de Snowden y

Manning: el espionaje masivo de Washington que viola los derechos más básicos y sagrados de la privacidad; la complicidad de empresas de telecomunicaciones e Internet en la violación de los derechos civiles de estadounidenses y ciudadanos del mundo; graves crímenes de guerra y de lesa humanidad cometidos por fuerzas estadounidenses en Irak, Afganistán y otros lares donde Washington agrede y asesina a inocentes sin discreción; arrogantes violaciones de soberanía de una mayoría de países del mundo a través de la política exterior de doble cara de Estados Unidos.

Los periodistas que se han atrevido a participar en este debate y cumplir con su deber de informar sobre temas de alto interés público, han sido acosados, espiados, amenazados y perseguidos. El Gobierno de Obama monitorea ilegalmente agencias de noticias como AP, buscando claves y datos sobre las fuentes de información sensible publicada en sus reportajes, siempre información que critica a las políticas de Washington. Periodistas como James Risen del 'New York Times' son acosados y amenazados con prisión, sometidos a presiones para revelar sus fuentes, algo protegido en el mundo periodístico, por lo menos hasta ahora.

Otros, como el periodista e investigador Jeremy Scahill, autor del libro sobre el grupo mercenario 'Blackwater' y otro, 'Guerras Sucias', sobre el programa de asesinatos selectivos de Obama, experimentan acoso cada vez que viajan al exterior y regresan a Estados Unidos, donde revisan todas sus pertenencias y los tratan como a sospechosos de terrorismo.

Y los que asumen el riesgo de facilitar la publicación de los documentos y denuncias de personas como Snowden y Manning, reciben toda la furia de Washington y sus aliados. Solo hay que recordar a Julian Assange y WikiLeaks, y la guerra que el Gobierno estadounidense ha montado en su contra. Assange lleva más de un año atrapado en la embajada de Ecuador en Londres, donde recibió asilo diplomático, porque el Gobierno británico amenaza con arrestarlo apenas saque sus pies del piso ecuatoriano. Y de Londres, Assange sería eventualmente extraditado a Estados Unidos, donde ya le tienen montado un juicio pendiente y una declaración de culpable. Incluso congresistas estadounidenses han llamado a su asesinato.

La organización WikiLeaks, un medio periodístico, ha sufrido la rabia estadounidense también. Sus finanzas han sido bloqueadas, su página web se encuentra bajo un ataque permanente en el ciberespacio y cualquier voluntario relacionado con la organización es tratado como un terrorista por las autoridades estadounidenses. De hecho, las personas vinculadas con WikiLeaks no pueden entrar a Estados Unidos sin la amenaza de detención. ¿Su crimen? Apoyar a un medio de comunicación que no se arrodilla ante los poderosos y que dice la verdad sin temblar.

Ahora los que han reportado sobre las revelaciones de Edward Snowden son las nuevas víctimas de esta guerra contra periodistas. Glenn Greenwald, el periodista y abogado estadounidense que entrevistó a Snowden y ha escrito múltiples artículos sobre sus denuncias, vive en el exilio en Brasil. Su pareja recientemente fue detenida durante nueve horas en el aeropuerto de Londres bajo una ley de terrorismo mientras regresaba a su casa en Río de Janeiro, luego de una visita con otra periodista en Berlín. Todas sus pertenencias electrónicas fueron confiscadas por las autoridades inglesas. Fue interrogado durante nueve horas sobre Snowden, su pareja, Glenn, y los documentos y escritos que posee. Es la táctica criminal de utilizar a la familia del blanco para hacerle sufrir hasta que no aguante más y se someta a las autoridades. Es una forma de tortura psicológica.

Y la otra periodista a la que visitó el compañero de Greenwald, Daniel Miranda, ella es Laura Poitras, premiada documentalista y periodista de investigación. Ella filmó la entrevista que Greenwald hizo con Snowden. Laura ha realizado documentales de gran escala sobre las guerras de Estados Unidos en Irak y Afganistán. Uno de ellos fue nominado al premio Oscar, lo máximo en el mundo del cine. Cada vez que regresa a Estados Unidos, Laura Poitras es tratada como una sospechosa de terrorismo. No la dejan entrar a su propio país sin antes revisar todas sus pertenencias y someterla a un extenso interrogatorio. Y esto simplemente porque hace su trabajo como periodista y documentalista y muestra lo que otros temen mostrar. Ahora vive en el exilio, sin pasar mucho tiempo en un lugar. Anda en un mundo encriptado, como Assange, Snowden, Greenwald y muchos más que quieren exponer verdades, sin comprometer a sus fuentes de información. Los medios corporativos no están exentos del acoso de Washington y sus aliados. El editor del periódico británico 'The Guardian', donde trabaja Greenwald y donde ha publicado sus reportajes sobre el espionaje estadounidense, reveló que hace un mes, las autoridades inglesas entraron en sus oficinas y destruyeron computadores y discos duros con información de Edward Snowden. Si eso no es autoritario, no sé qué sería, porque de democracia no tiene nada.

Todos estos incidentes recientes, en los que el Gobierno de Obama y sus títeres europeos agreden, acosan, amenazan y persiguen a periodistas, han sido tratados con un mínimo de interés en los medios estadounidenses y son casi invisibles dentro del debate político en Estados Unidos. Esta triste realidad me ha hecho pensar en la inmensa hipocresía de este país.

No pude sino recordar el escándalo mundial que Washington y sus lacayos en Venezuela –grupos antichavistas financiados por agencias estadounidenses como NED y USAID– formaron cuando el Gobierno de Hugo Chávez decidió no renovar la concesión de un medio privado que transmitía a través de un canal público. Una decisión completamente legal y legítima por sí sola, sin politización –un contrato que venció, y una decisión de no renovarlo– fue explotada por todos los voceros estadounidenses, los medios de comunicación y las ONG de derechos humanos, como una manera de demostrar que Venezuela vivía una dictadura.

Ni es de mencionar que el medio en cuestión, RCTV, estuvo abiertamente involucrado en un golpe de Estado contra el presidente Chávez en 2002 y seguía públicamente llamando al derrocamiento del jefe de Estado y a la desestabilización del país. Ahora ese espacio de transmisión se ha convertido en un canal público de cultura y deportes, con participación directa del pueblo. No obstante, desde ese momento, Washington no cesó —y aún no cesa— en sus ataques contra Venezuela por su supuesta violación de la libertad de prensa y expresión. Vaya, qué hipocresía. La dictadura parece estar en el seno de la Casa Blanca, desde donde con un dedo se decide la vida y la muerte de ciudadanos del mundo, y ordenan a otros Gobiernos detener, acosar y enjuiciar a cualquiera que desafía al poder estadounidense.

Estados Unidos vive un momento muy oscuro.

Los principios revolucionarios de libertad, independencia y democracia que provocaron la creación de este país, ya han sido aplastados por la sed insaciable de poder y dominación de una élite que reina con bombas, mordazas y mentiras.
Twitter de Eva Golinger

Texto completoen:http://actualidad.rt.com/expertos/eva_g olinger/view/103514-estados-unidos-libertad-hipocresia

¿Por qué EEUU espía a todo el mundo?

9-2013

Fernando Báez*

La información ha germinado en sociedades del conocimiento, definidas por la Unesco como "redes que propician necesariamente una mejor toma de conciencia de los problemas mundiales". Pero la perversión de este concepto es el núcleo duro de formación de un proceso dinámico de monitoreo del flujo y reflujo de una fisura sistemática no sólo económica sino de inteligencia: el 20% que saquea el 80% de los recursos de la tierra también ha diseñado una visión paralela y virtual de dominio.

Las 300 personas con mayor riqueza, en un mundo en recesión, han aumentado en 60% sus ganancias y sus caudales equivalen al dinero que deberían tener 3.000 millones de personas. Jason Hickel, en una conferencia en la Escuela de Economía de Londres, estimó que sólo los 200 millonarios lograron hacerse con 2.7 billones mientras 3.500 millones con todo lo que poseen apenas llegarían a 2.2 billones. Esta desigualdad genera mucha presión y obliga a ese pequeño grupo a mantener la manipulación extrema por sus canales de comunicación, que forman parte de sus alianzas grupales.

En 1970 el número de empresas multinacionales era de 37.000. Hacia 2003 ya existían 63.000

multinacionales con 820.000 subsidiarias. En 2013, ese número ha crecido sin medida, pero sólo 147 concentran la imposición de políticas de mercadeo, y no es extraño que dos tercios sean bancos y grupos financieros de comportamiento oligopólico. Entre las 100 economías del mundo, el 53% lo acaparan las corporaciones. Eso sí, la contaminación y la explotación humana lo sufre el Tercer Mundo que es víctima de instituciones extractivas no incluyentes.

En el año 2013, la revista Forbes elaboró una lista con las compañías más poderosas del mundo y calculó que producían 38 billones de dólares en rentas, 2.43 billones en beneficios declaradas, 159 billones en acciones y 39 billones en el mercado de valores, empleando a más de 87 millones de personas en el planeta. De las 500 corporaciones de la lista Forbes se conoce que producen el 65,7 % de ventas totales en comparación con otras 2000 corporaciones rivales y obtienen el 74,5 % de beneficios. Brecha cognitiva, abismo económico, latifundismo comunicativo y donde hay confrontación la corrupción ha servido para debilitar cualquier falla.

El campo de acción del nuevo espionaje es prácticamente ilimitado porque todos los agentes y analistas de inteligencia están de acuerdo al admitir que la guerra más importante que se libra no se desarrolla en Kabul, Chechenia o en Bagdad sino en el ciberespacio. La ciber-guerra llegó para quedarse y no hay escrúpulos de ningún tipo para desmantelar esta estructura sino, por el contrario, se afianzan los viejos vicios del poder y los secretos ya no se queman sino que pasan a la prohibición del anatema político e ideológico: los documentos prohibidos para el pueblo que sólo una élite maneja a su antojo aprovechando sus investiduras y su representatividad alquilada por el patrocinio de los accionistas de las grandes corporaciones del planeta que han aprendido que sale más barato infiltrar operadores de seguridad en las entrañas del poder que adiestrarlos.

Baste dos ejemplos híbridos. Max Kelly, quien era el gerente de protección de confidencialidad de Facebook que pasó, en un total mutismo, a formar parte en 2010 de la Agencia de Seguridad Nacional. Dos años más tarde, Mark Zuckerberg, principal socio de Facebook tocaba la campana de apertura de la bolsa electrónica Nasdaq en Wall Street y desde entonces han crecido las sospechas de la participación de penetración de agentes en las cuentas de esa polémica red social. Como contrapartida Zuckerberg es uno de los 20 hombres con mayor fortuna y su empresa pasó de ser una inocente red universitaria a tener un valor superior a los 104.000 millones de dólares. El otro caso es Howard Schmidt, adalid de seguridad en Microsoft, reclutado por Obama para el cargo de asesor nacional de ciber-seguridad que tuvo hasta mayo de 2012.

La Información, la data, es la base del poder. Si nos atenemos a la rigurosa investigación de David Ropkopft en su libro El club de los elegidos, se ha conformado en el siglo XXI una superclase integrada por 6.000 personas que tienen prerrogativas inconcebibles: esta pandilla que maneja los secretos a su antojo estaría integrada por jefes de estado, líderes religiosos, militares, empresarios, emprendedores innovativos y científicos.

Para el 1% de las familias más ricas, en 1970 la renta creció 9% y en 2007 llegó a 24%, en 2013 ni la crisis ha golpeado a este grupo que se mantuvo en 41%. Mientras peor está el mundo, más ganan. La riqueza estimada del mundo es de 195.000 billones de dólares donde el 20% de la población posee el 80% de esas fortunas; apenas el 80% del restante de los habitantes tiene acceso al 30% de esa riqueza mediada por la distribución corrompida de los delegados de las élites.

Todo se justifica este reino implosivo que ha restablecido EEUU para dejar a un lado su combate al terrorismo desempolvando la antigua ambición de control que ha definido a la humanidad desde la prehistoria hace 150.000 años cuando se emigró del sur de África. Control de familias, control de grupos, control de pueblos, control de civilizaciones, control cultural, control religioso, control financiero, control total.

El Imperio Romano rigió, durante un milenio, territorios que abarcaban 7 millones de km2. Los Césares y senadores debían viajar meses para someter y destruir una ciudad como Cartago, con datos que pasaban la mayor parte de boca en boca.

Hoy EEUU puede hacer lo mismo a casi la velocidad de luz y preparar la intervención de cualquier país que interfiera con los negocios de sus corporaciones en cuestión de 10 minutos y preparar una intervención devastadora en apenas unos días como la que se programa contra Siria para ocultar las denuncias del espionaje y las prácticas corruptas del sector militar, industrial y político. Nunca antes en la historia un proyecto de tal envergadura había sido una amenaza tan enorme como la que está en marcha en estos momentos y se cierne sobre una comunidad cuya rebeldía aumenta del mismo modo como crecen las mentiras justificadas. De ahí la urgencia de las acciones de EEUU por mejorar los instrumentos de detección y hacer el mapa de resistencias vigentes.

*Escritor venezolano, es autor de Las maravillas perdidas del mundo

-CONTRAINJERENCIA
http://www.contrainjerencia.com/index.php -

Rusia demuestra falsedad de pruebas del ataque químico en Siria

Posted By Contrainjerencia On 10/09/2013 @ 2:16 PM In EL MUNDO EN CRISIS |

RIA Novosti – Los expertos internacionales que participaron en la 24ª sesión del Consejo de Derechos Humanos de la ONU presentaron pruebas contundentes de que los vídeos y las

fotos del ataque químico en las afueras de Damasco se fabricaron antes del 21 de agosto cuando se perpetró, informó este martes el Ministerio de Exteriores ruso.

En la reunión Los Derechos Humanos y conflictos armados: las amenazas de EEUU de recurrir a la fuerza contra Siria y el derecho internacional intervinieron analistas internacionales, políticos y religiosos sirios y periodistas.

"Se presentaron pruebas contundentes de que los vídeos y las fotos en las que se ven víctimas del ataque químico del 21 de agosto en las afueras de Damasco se realizaron con antelación. Varios testigos afirmaron de manera unánime a la audiencia que las armas químicas en Guta de Este fueron usadas por los rebeldes. Los resultados de las indagaciones del accidente efectuadas por los activistas y los testimonios se trasmitieron a la comisión independiente que investiga el caso", dice el comunicado de Exteriores ruso.

Los participantes anunciaron igualmente que el uso de la fuerza contra Siria sin el aval del Consejo de Seguridad de la ONU infringiría gravemente el derecho internacional e iría en contra de la opinión de la comunidad mundial.

Según los expertos, una intervención militar provocaría víctimas entre civiles y causaría una catástrofe humanitaria en Siria y en la región. El Consejo instó a la ONU a oponerse a la operación de EEUU que, en su opinión, debe responder de sus amenazas ilegales de usar la fuerza.

:

http://www.contrainjerencia.com/index.php/?p=7 4350

Página12 ▸Sábado, 31 de agosto de 2013 |

Obama anunció una intervención militar en Siria y busca el aval del Congreso

"Estamos listos para atacar", enfatizó el presidente estadounidense y premio Nobel de la Paz al anunciar un bombardeo en territorio sirio, contra el gobierno de Bashar Al Assad, aun "sin la autorización de la ONU", que todavía no confirmó si el uso de armas químicas en ese país fue hecha por el régimen de Damasco o la oposición. Barack Obama enviará su propuesta al Congreso para que "el pueblo norteamericano sea quien decida", y los legisladores se manifestaron "complacidos" por la decisión que, según confirmaron, se debatirá a partir del 9 de septiembre.

A pesar de que parte de la comunidad internacional le exige a Estados Unidos "pruebas" sobre su certeza de que fue Al Assad quien ordenó el bombardeo del 21 de agosto que terminó con la vida de más de mil personas, entre ellas cientos de niños, Barack Obama insistió con que el responsable de ese ataque con armas químicas fue el presidente sirio.

35

Dijo que "las imágenes de los hospitales" y de los muertos tirados en las calles de Damasco "corroboran" que fue el régimen el responsable de esa matanza. "El mundo lo ha visto", enfatizó el presidente estadounidense quien, además, acusó a Al Assad de "estar preparando nuevos ataques".

"Esto y el uso de armas químicas es un grave peligro para nuestra seguridad nacional y para nuestros aliados (en la región): Israel, Líbano e Irak", enumeró y luego de dejar claro que "esta amenaza debe ser enfrentada", anunció que la acción militar va a "ser limitada en acción y objetivos", uno de los cuales es "llevar a Al Assad ante las autoridades por el crimen" que, según Obama, cometió.

Aseguró que "no vamos a poner efectivos en el terreno", por lo cual se descarta que los ataques serán aéreos, y ratificó que "estamos listos para atacar cuando decidamos hacerlo". "Esto no tiene que ver con plazos. Puede ser mañana, en una semana o en un mes. Pero estoy preparado para dar esa orden. He tomado esa decisión convencido de que va a ser lo mejor para nuestra seguridad nacional", dijo el Nobel de la Paz.

"Tenemos que tomar acciones decisivas ante este acto abominable y estoy dispuesto a dar la orden. Pero considero que nuestro poder radica también en nuestro ejemplo de democracia, por eso pediré autorización al Congreso", remarcó en una breve alocusión.

Frente a la Casa Blanca, cientos de personas se manifestaron con proclamas y carteles para instar al gobierno a abstenerse a una acción militar. "No a la guerra en Siria". "Manos fuera de Siria" o "Irak, Libia, Siria-guerra sin fin para el imperio" fueron algunas de las consignas.

La agresión a Siria

"Hace 50 años el mundo estuvo al borde de la guerra nuclear, luego de que en Cuba fueron descubiertas instalaciones y misiles soviéticos que amenazaban a EEUU". Así comenzaba un reportaje que escribí en octubre del año pasado. La aguda crisis, en el último momento, se resolvió políticamente con negociaciones que dirigieron John F. Kennedy y Nikita Jruschov.

Hoy vivimos una situación distinta, sin que hayan desaparecido los riesgos de una agresión de EEUU y aliados a Siria. Desde hace dos años es atacada por opositores, la mayoría de ellos mercenarios de 83 países, financiados y armados por países árabes y occidentales. Ahora, con el pretexto de que el Gobierno de Damasco utilizó gases tóxicos el 21 de agosto y murieron centenares de personas. Algo parecido sucedió para justificar la agresión a Irak: la existencia de armas de destrucción masiva, aunque era negada y posteriormente comprobada su falsedad hasta por informes de la CIA. Pero el mal estaba hecho, sin que nunca nadie condenara a los responsables de las muerte de un millón de iraquíes y la casi destrucción de una de las civilizaciones más antiguas.

Ha habido circunstancias que han detenido esta nueva agresión. Internas, como la creciente opinión pública en contra, apenas 25 de cada 100 estadounidenses está de acuerdo; movilizaciones en varias ciudades en desacuerdo con la guerra; 140 congresantes advirtieron al presidente Obama que debía solicitar del Congreso la autorización para ese ataque, que no cometiera el mismo error cuando la agresión a Libia, y el presidente atendió esa advertencia. Nadie sabe cuál será la decisión que tomen las cámaras en los próximos días.

Y entre las externas, la posición de países como del Grupo de los 20 (G20) y toda Unasur; la declaración del papa Francisco, que llamó a oración a todas las iglesias: "Nunca más la guerra", la opinión del Secretario General de la ONU: "No hay solución militar en Siria".

Habría que añadir un hecho que no fue debidamente difundido y es que la periodista de la agencia estadounidense AP Dale Gavlak habló con varios "rebeldes" vecinos a Ghouta, cerca de Damasco, quienes le confesaron que fueron ellos quienes usaron esas armas tóxicas, enviadas por Arabia Saudita, y como no estaban entrenados para su uso, murieron 12 de ellos mientras las disparaban el 21 de agosto, pereciendo centenares de personas. Extrañamente, estas informaciones no circularon por los canales habituales de la AP, sino a través de Infowar, el domingo pasado.

Esta versión desmiente la de Estados Unidos, que la ha divulgado antes de conocerse el informe de la

ONU que estuvo en el sitio de los acontecimientos. Tal como lo hizo antes de la invasión a Irak.

El interés de EEUU es el dominio del Medio Oriente, y el control de las mayores reservas de gas del mundo que están en el Mediterráneo. Como siempre, sus intereses económicos, por encima de llevar la democracia y las libertades.

Eleazar Díaz Rangel,
Director de Últimas Noticias, Venezuela

Leer más en:
http://www.ultimasnoticias.com.ve/opinion/firmas/los-domingos-de-diaz-rangel—eleazar-diaz-rangel/la-agresion-a-siria.aspx#ixzz2eJuTuAMn
demuestran que, por amplio margen, el público no sólo no aprueba un ataque militar, sino está convencido de que eso sólo empeora la situación internacional.

Pero la voluntad popular en esta democracia casi nunca ha sido un factor determinante en las políticas de la cúpula política y económica de este país. De hecho, lo que el público expresa es frecuentemente lo opuesto a lo que esa cúpula propone y hace y frecuentemente, cuando su oposición se vuelve demasiado activa, hasta es percibido como amenaza a los intereses de la nación. Noam Chomsky ha repetido que, a fin de cuentas, en lo que llaman una democracia, lo que más teme el gobierno aquí es justo a su propio pueblo. Y las revelaciones recientes de crímenes de guerra estadounidenses, engaños diplomáticos, como también el hecho de que éste es ahora el pueblo más espiado del mundo y de la historia —y que quienes se atrevieron a filtrar todo esto al público son acusados por las autoridades de ayudar al enemigo y de ser espías– sólo comprueban esto.

Éste siempre ha sido un país belicoso. La lista de acciones, invasiones e intervenciones militares es de varios cientos y supera a cualquier otro país, tal vez en toda la historia (algún historiador tendrá que hacer el cálculo exacto). De hecho, acaba de publicarse la lista actualizada de ejemplos del uso de las fuerzas armadas estadunidenses en el extranjero entre 1798 y 2013, elaborada por el Servicio de Investigaciones del Congreso, agencia oficial no partidista de la legislatura. Sólo en 11 de cientos de acciones por sus fuerzas militares Estados Unidos ha declarado formalmente la guerra a otro país (una de ellas es la guerra con México, declarada en 1846) y la última fue en la Segunda Guerra Mundial. Todas las demás, incluidas Corea, Vietnam e Irak, fueron guerras no declaradas. El informe señala que en la mayoría de casos, el estatus de la acción conforme a leyes domésticas o internacionales no ha sido abordado. Sólo en lo que va de 2013, la lista incluye acciones militares en por lo menos 13 países. (La lista).

La lista no incluye acciones o intervenciones encubiertas, por ejemplo, no se menciona el apoyo al golpe de Estado contra el gobierno de Arbenz en Guatemala, ni contra el gobierno democrático en Irán, ni el apoyo en la invasión fracasada de Cuba (Playa Girón), ni el golpe de Estado contra Salvador Allende en Chile en 1973, ejemplo que justo cumple 40 años esta semana.

Observar todo esto, este anuncio de muerte premeditada, obliga a cualquier periodista que ha reportado sobre este país a sentir una sensación macabra de deja vu, otra vez más. Es reportar, una vez más el estar al borde de que estalle un horror diseñado y fabricado en Washington sobre otros, muy lejos de aquí. Es estar obligado a reportar que se requiere actualizar esa lista de ejemplos de uso de fuerza militar.

Y es esperar que este pueblo logre insistir, esta vez, no en nuestro nombre.

martes, 10 de septiembre de 2013

Siria, el abrazo del Gran Hermano imperialista

Gustavo Herren (especial para ARGENPRESS.info)

Si bien el Sistema de Naciones, soberanas y formalmente iguales que sostenía el principio de no injerencia en los asuntos internos de los Estados, propuesto por los europeos en el s. XIX fue siempre una ficción, sirvió como referencia para la convivencia internacional hasta que terminó de ser pulverizado a fines del s. XX por los Estados Unidos y su Nuevo Orden Mundial. Hoy su injerencia alevosa no solo alcanza países como

41

Siria, sino que como el panóptico dictatorial de la libertad vigilada del Gran Hermano, está pretendiendo monitorear la actividad y la ideología de cada habitante del planeta a nivel individual, como lo ha denunciado Edward Snowden entre otros.

Una vez más se pone en evidencia el patrón de comportamiento histórico invariante que tiene Estados Unidos en las relaciones internacionales, desde su independencia. No está en las manos del administrador de turno que ocupa el liderazgo del país, modificar los objetivos de la política exterior sino desarrollarla para alcanzarlos según sea la realidad internacional y según su propia modalidad, lo que es claramente observable en la línea directriz común hacia donde apunta lo hecho por el halcón Bush y lo que hace el premio Nobel de la Paz Obama. Esos objetivos históricos conllevan una misión, que responde en última instancia a la proyección global de los intereses de sus elites del poder concentrado capitalista con un destino manifiesto sin escrúpulos de hegemonía y dominio, que está por encima de cualquier otro orden establecido en el mundo.

La impunidad que los Estados Unidos ostenta hacia las estructuras internacionales de conducta y convivencia, el Derecho Internacional que sustentan y los valores como la paz y seguridad mundial, se apoya en dos de sus patas: la fuerza brutal, como primera potencia planetaria militar/nuclear y, el dominio que ejerce mediante el sistema económico mundial del dólar junto a sus grandes empresas transnacionales capitalistas. Es así que no acepta el transitorio hacia un mundo multipolar, en cuanto su proyecto imperialista global fue y es, desde el mundo dipolar hacia la unipolaridad. De este modo su geoestrategia se refiere al 'reparto' del planeta como un espacio único concomitante a sus intereses. No es menor, que unilateralmente haya dividido al mundo entero en 6 regiones militares o comandos de combate operativos bajo su responsabilidad (Unified Combatant Commands), que incluyen hasta la misma China y Rusia.

No es extraño tampoco que la iniciativa de un primer mandatario, en este caso Obama, de llevar unilateralmente el terror preventivo para escarmentar a Siria se encuadre en un programa de mucho mayor envergadura. Una sucesión encadenada de operaciones de toda clase sobre Oriente Medio y Asia Central, dirigidas a que no decrezca su influencia regional y en un sentido mas amplio debilitar a Moscú. Mientras, desde hace un par de años lanzó un despliegue estratégico relevante en comercio, injerencias políticas y presencia militar en vista a las rutas terrestres y marítimas desde el Indico hasta Asia Pacífico, dirigido a China, teniendo como objetivo contener el visible avance de su influencia como potencia regional emergente. Despliegue que a su vez se completa, aunque con un impulso menor principalmente en el comercio y en lo político, por el océano Pacífico, como flanco,

para la recuperación de su patio trasero americano que requiere la desintegración de la integración latinoamericana, y en vista que los capitalismos progresistas sudamericanos y su núcleo duro socialista bolivariano parecen estar sobrepasando un punto máximo de desarrollo.

Cuando los imperios buscan aumentar su influencia en una región o bien no perderla si está decreciendo, utilizan una clase de guerra política llamada guerra social, que aunque no es un conflicto militar convencional se rige por protocolos equivalentes. Consiste en buscar los puntos de discordia en las poblaciones y amplificarlos para enfrentar un grupo contra otro hasta que se debiliten lo suficiente, para que luego utilizando en el caos el imperio vaya ganando control sobre la región, lo que se llama un proceso de caos controlado, groseramente una forma de balcanización.

Esta clase de guerra de baja intensidad no es nueva, fue y es una especialidad del Imperio Británico. Fue aplicada en la India desde el inicio de la conquista británica a principios del siglo XVII y durante los siguientes 150 años comerciando y traficando armas, para fogonear los conflictos internos logrando que los fuertes reinos indios combatieran entre sí degradándose lo suficiente, como para iniciar recién la conquista del territorio propiamente dicho. Lo intentaron en China hacia fines del s. XVIII con las guerras del opio. También sembraron la semilla del caos controlado en Oriente Medio luego de su reparto al caer el Imperio Turco Otomano, asegurando la influencia británica con el desorden sostenido después de la posterior descolonización. Mas recientemente se utilizó con los mismos fines en la división India-Pakistán, Palestina-Israel, en los Balcanes por los atlantistas, o en el orden caótico programado en Africa. En un tal estado de desorden generalizado pero acotado, el imperio logra por lo pronto los siguientes objetivos : la continuidad de los negocios de sus grandes empresas y bancos, y que no surja un rival local hostil con liderazgo regional, de este modo no pierde su influencia sobre la región.

En Oriente Medio y norte de Africa las primaveras árabes independientemente del grado de espontaneidad popular que las haya originado, están abriendo espacios para procesos de caos controlado, aunque en este caso el inductor es el imperio estadounidense, que utilizando protocolos similares a aquellos que aplicaba su madre patria imperial busca evitar el decrecimiento de su esfera de influencia. Apoyado por su asociados con el beneficio de sus propios intereses, Israel, los atlantistas europeos, Turquía, Jordania y la monarquías en la península arábiga, especialmente Arabia Saudita y Qatar, que con sus fuentes de fundamentalistas jihadistas alimentan el caos regional evitando que emerja un rival regional y manteniendo el orden feudal en sus pueblos, es decir el propio estatus quo de las petro-elite enriquecidas. Todos tienen en común evitar que Irán surja como potencia regional dominante. En los principales países con genética panarabe como Irak, Libia y hoy Egipto y Siria, es decir en los que podría gestarse una nueva integración política nacional del espacio árabe, está instalado el desorden interno.

Hace días, cuando Obama instigó a legisladores a aprobar una acción militar contra Siria, funcionarios que en buena medida son parte de un poder político corrupto en connivencia con el poder económico concentrado (en particular el complejo militar industrial que exige pruebas de campo para sus nuevas tecnologías y ubicar su excedente de producción), mencionó '...Lo que estamos diseñando es una acción limitada y proporcional que degradará las capacidades del gobierno del presidente al Assad... y que no involucrará militares en territorio sirio'. Pero la ofensiva imperialista a Siria deberá tener una envergadura mucho mayor de la que dice Obama, ya que debe dejar un país indefenso y que la parte de la pléyade de insurgentes fundamentalistas en su mayoría de la línea al Qaeda (impulsados por Arabia Saudí y las monarquías del Golfo) que operará con la tropa de invasión de los vasallos de Washington, estén en condiciones reales de la tomar de la plaza. El plan de operaciones de Obama debe contemplar al menos interferir, dañar o destruir los nodos de comunicación de las fuerza armadas sirias, sus instalaciones de radar, sus plataformas de lanzamientos de misiles, sus aeródromos y aviones militares en unas 15 bases, sus depósitos de combustible, sus instalaciones para la defensa antiaérea, sus arsenales de pertrechos, armas y municiones, sus vehículos de combate, sus puestos de comando y otras unidades militares intentando asesinar al mismo presidente al Assad. Por supuesto en el paquete humanitario del ataque para evitar las muertes en el pueblo sirio, vienen incluidos los daños colaterales del asesinato involuntario del mismo pueblo.

El poder de fuego de la aviación norteamericana y la francesa (a la que se suma la israelí, la de Arabia

Saudí y la de Turquía) puede se tan o más brutal que el desarrollado por la OTAN en Libia. A la oleada masiva de cientos de misiles crucero contra objetivos selectivos (bombas propulsadas por un motor a reacción a velocidad subsónica, generalmente en vuelo a baja altura para eludir radares y con un alcance del orden de 2000 kilómetros) lanzados desde buques fuera del alcance de la defensa antiaérea de Damasco, de manera de superar varias veces la existencia de misiles tierra-aire sirios que podrían interceptarlos, deberá sumarse el ataque devastador y continuado durante días o semanas de la aviación estadounidense, y la que responde al (nacional) socialista Hollande de Francia, sea con misiles inteligentes y bombardeos por saturación con los B-52 o los B-2 furtivos casi indetectables a radares convencionales. Todo apoyado por la Inteligencia de señales (SIGINT), que involucra plataformas aéreas de control y alerta temprana (AEW&C) aeronaves antes conocidas como AWACS, buques espías, satélites militares, etc.

Donde probablemente Obama no mienta es en que no habrá una ocupación masiva de tropas regulares estadounidenses, ya que podrían quedar nuevamente descolocadas dentro de una nueva guerra irregular y replicar otra ciénaga como en Irak, Afganistán y Vietnam.

La escalada sobre Siria, se lanza en el momento que esta fracasando el cambio de régimen intentado por la insurgencia y los terroristas apoyados por Washington desde hace más de una década, cuando el general Wesley Clark denunció después del 9/11 el plan duro de tomar 7 países en

5 años, comenzando con Irak, Somalia, Sudán, Libia, Líbano, Siria y finalizando con Irán. Lo que se hizo evidente es que la intervención militar extranjera es indispensable en Siria, ya que una de las condiciones necesarias para que una revuelta armada se realimente positivamente y no se extinga es que debe contar con una mínima masa crítica de población que la apoye activamente, lo cual no tiene, y por otro lado la oposición e insurgencia armada sumamente dividida no es confiable ni eficaz, de modo que en el estilo de Obama del smartpower, se espera desatar el caos controlado con una intervención militar 'limitada'. La acusación con pruebas ocultas a al Assad de aplicar armas químicas contra su pueblo, perjudicándose a sí mismo, resulta en un absurdo. Además de que Estados Unidos no tiene autoridad moral para seguir con el caballo de batalla de las armas de destrucción masiva, como las que usó en Vietnam (agente naranja o dioxina). Al parecer, Washington descubrió por fin en Siria las armas de destrucción masiva de Saddam Hussein, que aseguró estaban en Irak.

El ejército del hermano líder Kadafi estaba suficientemente pertrechado para el control interno sin intervención de fuerzas foráneas en al menos algunas regiones, aunque con capacidad limitada para la defensa frente a países menores. Una de las razones de la furibunda embestida de la OTAN con bombardeos selectivos y por saturación, pudo haber sido el temor que de no haberse realizado, el régimen no hubiera caído en la región Tripolitana aunque Libia se secesionara en partes, y lo que se buscaba era el caos general. Las fuerzas armadas de al Assad tienen mejor capacidad para el control interno y mayor capacidad defensiva que Libia. El país tiene además la coherencia de una estructura de Estado occidental (surgida en Westfalia; 1648), a diferencia con la Jamahiriya, en que Kadafi mantenía un equilibrio inestable en una organización de país tipo tribucrática. Hoy día Libia se halla dividida en las regiones Tripolitana y Cirenaica con un conjunto de sectas, grupos y tribus antagónicas que confrontan y negocian para sobrevivir en un desorden tal que, la neutraliza como amenaza para los planes de Washington y sus socios. Mientras Rusia y por supuesto Irán quedaron fuera del negocio, las multinacionales occidentales recuperaron el saqueo de petrolero. Si bien este no es el caso de Siria, sí están en juego la construcción de rutas energéticas estratégicas a Europa Occidental; el gasoducto IIS (Irán-Irak-Siria) que sale desde Tartus donde está la base naval rusa, versus el QAJST (Qatar-Arabia Saudí-Jordania-Siria-Turquía) promovido por Estados Unidos, y que obviamente excluye a Rusia e Irán. El ataque unilateral del imperio busca desarticular a la fuerza aérea y sobresaturar al ejército sirio de modo que comiencen a perder el comando y control de la situación del país, lo que llevará a la desestabilización del gobierno de al Assad al amplificar los potenciales puntos de conflicto dentro del mismo gobierno hasta que sea cuestionado su liderazgo, y la pérdida de gobernabilidad lleve a su reemplazo, es allí cuando se habrá instalado el caos controlado. Washington no esta dispuesto a poner en evidencia ni tolerar su pérdida de influencia en la región, al respecto se refirió Obama

'... La acción militar es una respuesta que mandará un mensaje claro de que hay consecuencias, no sólo al régimen de Assad sino también a otros países que puedan estar interesados en poner a prueba algunas de estas normas internacionales.'

Cuando Obama menciona que la ofensiva táctica aeronaval será una 'acción limitada y proporcional', está basándose en una estrategia que toma en cuenta las capacidades de disuasión de los distintos actores involucrados en la medida de sus relaciones de fuerzas. Supone que Rusia no reaccionará en forma directa contra los atlantistas, a diferencia de lo que sucedió en 2008 en la región georgiana separatista pro rusa de Osetia del Sur, aunque allí el impacto fue central ya que se trataba de una zona fronteriza de su influencia. Tambien supone, que Irán rodeado por 40 bases militares estadounidenses y sin poder disuasivo nuclear, a diferencia con Corea del Norte, no desarrollará una acción de guerra directa, por eso Siria un aliado más débil debe necesariamente ser atacado previamente a Teherán. Lo que ya es un hecho anunciado, es que Rusia e Irán incrementarán la ayuda a Damasco, lo que realimentará el conflicto a más de la intervención de otros actores menores especialistas en guerra irregular como es Hezbollah (el único grupo que derrotó militarmente a Israel, al expulsarlo del sur de Líbano). China aunque no apoya el ataque tendrá presencia, aunque como observador al enviar varios buques de guerra hacia las costas sirias.

Sin embargo, también es claro que existe probabilidad que se produzca el peor de los escenarios, que el caos de guerra se generalice sin control a todo Oriente Medio y mucho más allá. A pesar de todo, la frecuencia y ferocidad de las guerras del imperio por espacios y poder seguirá, y crecerá junto al crecimiento de China, Rusia e India. Es que no hay indicios que los objetivos últimos de la política exterior de los Estados Unidos dejen de ser un absoluto...

Vietnam padeció al campeón de la guerra química

Martes, 10 de septiembre de 2013

Hugo Rius (PL

Bajo el tejado de vidrio resulta cuanto menos grotesco y cínico lanzar más que piedras sino graves acusaciones carentes de pruebas irrefutables contra otros, como si se pudiera borrar la siempre justa y severa memoria histórica.

Este es el caso hoy de Estados Unidos, que se convirtió en campeón mundial de la guerra química durante una década en la cual castigó sin piedad al pueblo vietnamita con tal de impedir la independencia y reunificación de su país y mantener un designio imperial intervencionista a miles de kilómetros.

Todavía Vietnam sufre sus consecuencias, en varias generaciones, los que fueron expuestos directamente desde 1961 a 1971 y quienes nacieron después con las huellas genéticas transmitidas de la guerra química desatada por las fuerzas norteamericanas de agresión.

Ni los culpables han sido castigados, ni han resarcido a las víctimas y ni siquiera se ha escuchado una palabra de perdón por parte de la potencia que ahora se erige en una mezcla de juez supremo y policía global dispuesto a lanzar sus cohetes sobre Siria.

Vale la pena siempre recordar que la aviación estadounidense roció unos 80 millones de litros del defoliante que contenían 370 kilogramos de dioxina, en un cuarto de la superficie sureña de Vietnam, según bien fundamentadas estadísticas independientes.

Unos cuatro millones 800 mil vietnamitas estuvieron sometidos a lo que se considera uno de los peores tóxicos conocidos por el género humano y tres millones se convirtieron en sus víctimas, por varias generaciones.

Casi en el extremo meridional del país, en la provincia Dong Nai, se encuentra el aeropuerto de Bien Hoa, donde se almacenaban 98 mil tanques de agente naranja para dispersar en áreas cercanas, en el intento de doblegar la resistencia nacional liberadora.

Allí solía irse a jugar Ho Minh Quang en la inocencia de la niñez, sin imaginarse que se exponía a una contaminación que solo supo después, cuando sus dos hijos nacieron con deformidades.

Las consecuencias siguen siendo aterradoras, con

el nacimiento de criaturas sin espina bífida, mutiladas y deformadas, y según un reporte reciente de la presidenta de la asociación de víctimas, Dao Nguyen, el número se ha incrementado en la ciudad de Bien Hoa y sus alrededores desde 2009, y cuatro de cada 10 afectados son menores de 16 años de edad.

Vietnam, sin todos los recursos que se requieren ha tenido que encarar la atención hospitalaria, los tratamientos sanadores, la rehabilitación y la reinserción social y laboral, la ayuda a los familiares y el consuelo posible.
Junto a los limitados presupuestos destinados, en un denodado esfuerzo estatal, y eventuales donaciones internacionales, distintos sectores de la sociedad aportan al empeño, y generan iniciativas de todo tipo para acopiar lo que nunca termina de bastar.

Sin embargo dos compañías que produjeron y abastecieron el tristemente célebre agente naranja, Dow Chemical y Monsanto, permanecen blindadas por el silenciamiento de sucesivas administraciones en Washington, en el seno del Congreso y por la misma justicia.
Desde 2004 la Asociación de víctimas vietnamitas libra una denodada batalla en tribunales en pos de justas indemnizaciones por los irreparables daños físicos y mentales causados, que han chocado con dilaciones y conclusiones encubridoras, como que no se había establecido un vínculo entre la dioxina y las malformaciones genéticas de damnificados.

Van Rinh, al frente de la filial en Ciudad Ho Chi Minh, estima que aunque tal proceso resultó desfavorable, ayudó a todo el mundo a entender mejor la guerra química llevada a cabo por la principal potencia mundial, el imperdonable crimen perpetrado, y la responsabilidad de Washington y los fabricantes cómplices.

En 2009 el Tribunal Internacional de opinión pública, organizado por la Asociación de Juristas Democráticos en París, dictaminó que los culpables deben compensar a las víctimas, descontaminar el suelo y las fuentes de agua, sobre todo los sitios alrededor de sus antiguas bases militares de ocupación, donde se acumulaban en grandes cantidades las mencionadas sustancias.

Nunca la ONU envió inspectores a verificar, aunque en realidad siguen siendo tan abrumadoras las evidencias que su presencia es inocua, puesto que además conocidos estudios científicos internacionales establecieron que el defoliante empleado en la guerra en Vietnam presentaba elevados contenidos de subproducto cancerígeno.

En cambio, en el país agresor sí se acepta que dejó terribles secuelas en los propios soldados norteamericanos y principalmente en sus descendientes, a quienes, claro está, sí le aceptaron una acción judicial presentada por veteranos de guerra en 1984 que desembocó en un acuerdo de 93 millones de dólares para indemnizarlos.

Dobles discursos y dobles miradas, según los intereses imperiales.

Cuando se trata de aplicar la ley ante las fehacientes muestras de perjuicios causados,

Estados Unidos se justifica y soslaya, pero si el caso es encontrar un pretexto para intervenir en otro país, ahora Siria, se le condena y amenaza aunque falten pruebas contundentes.

Pedro Félix Novoa Castillo · ..De la página de Michael Moore me llega esta información http://www.answercoalition.org/national/news/hands -off-syria-take-action.html#cities

TRADUCCIÓN (GOOGLE)
Washington está en la marcha hacia una nueva guerra de agresión en el Medio Oriente, esta vez dirigido Siria. La Coalición ANSWER hace un llamamiento a las organizaciones e individuos a tomar las calles en oposición a lo que sería una guerra destructiva y criminal del gobierno de EE.UU. .

Ver una lista de manifestaciones en todo el país y los pasos de nuestro formulario de Lista de evento para que podamos ayudar a difundir la palabra!

A pesar del hecho de que una abrumadora mayoría de los estadounidenses se opone claramente a la intervención de EE.UU., las señales apuntan a la guerra. En un reciente sondeo de Reuters, sólo el 9 por ciento a favor de la intervención militar directa EE.UU., y el 89 por ciento se opone armar a la oposición siria. Pero la pequeña camarilla de elite que realmente gobierna el país se descuenta por completo la voluntad del pueblo, burlándose de su llamada "democracia".

La 6 ª Flota de EE.UU. ha desplegado buques de guerra en el Mediterráneo oriental y amenaza con lanzar misiles y ataques aéreos contra Siria. No sólo la Casa Blanca y el Pentágono amenazando abiertamente a la intervención directa, sino que también se están moviendo a un mayor brazo de la oposición siria. Un ataque de EE.UU. / OTAN en Siria podría conducir a una guerra regional más amplia, con consecuencias graves e imprevisibles.

Una provocación en escena: un pretexto para la guerra

El pretexto para atacar a Siria es la acusación de que el gobierno sirio usó armas químicas semana pasada en los suburbios de la capital, Damasco, justo después de un equipo de la ONU había llegado al país para investigar un supuesto anterior el empleo de armas químicas. El presidente Obama declaró hace más de un año que el uso de armas químicas por parte del gobierno sirio cruzaría una "línea roja", provocando una acción militar EE.UU..

La idea de que el gobierno sirio podría lanzar un ataque de armas químicas exactamente en el momento en que el equipo de la ONU estaba en el país investigando las armas químicas desafía toda lógica.

En una señal de su total desprecio por la verdad, el gobierno de Estados Unidos ha declarado que, antes de cualquier investigación real, que el gobierno sirio es culpable de usar armas químicas.

Funcionarios estadounidenses han dicho que el equipo de inspección de armas de Naciones Unidas, que es hoy en día en el lugar cerca de Damasco, donde cientos de personas murieron la semana pasada, es en otras palabras, los Estados Unidos, junto con Gran Bretaña y Francia "demasiado tarde." - La antigua colonizadores de la región - han decidido utilizar armas químicas como excusa para ir a la guerra.

Debemos recordar la guerra de Irak en 2003, donde se utilizó "abrumadora evidencia de armas de destrucción masiva" como pretexto para una guerra que mató a cientos de miles de personas y arrancó Irak aparte. No siempre se encontraron tales armas.

Si, de hecho, se utilizaron armas químicas en Siria la semana pasada, el extremo mayor probabilidad es que se trataba de una provocación por etapas por la oposición para invitar a la intervención de EE.UU. / OTAN con el fin de salvar su posición militar debilitamiento en el conflicto. No tenemos ninguna razón para confiar en la versión del gobierno de EE.UU. de lo que sucedió. Este es el mismo gobierno que ha mentido y engañado al pueblo estadounidense sobre muchos asuntos de rutina, como se ha puesto de manifiesto recientemente por fugas de Edward Snowden relacionados con la NSA el espionaje.

La política exterior de EE.UU. no es de preocupación humanitaria benigna, pero uno de Empire. El objetivo de Washington es el control de la región del Medio Oriente rico en petróleo y estratégico entero. Para lograr este objetivo, los líderes estadounidenses - demócratas y republicanos por igual - han trabajado para destruir a los gobiernos independientes y los movimientos populares en la región desde hace más de seis décadas.

Para el pueblo de los Estados Unidos, luchando contra una intervención de EE.UU. en Siria es de vital importancia para evitar la propagación de la guerra y la destrucción. La Coalición ANSWER ha pedido a todos los que se oponen a esta campaña de guerra brutal de actuar contra cualquier ataque de EE.UU. contra Siria! Una amplia coalición de organizaciones trabajaron juntos en junio y julio de 2013 para los días de acción que se oponen al papel de EE.UU. en Siria. Esperamos que las acciones en los próximos días y semanas serán de carácter unificado similar.

Estados Unidos suministra armamento a la oposición Siria

miércoles, 11 de septiembre de 2013

RIA NOVOSTI (especial para ARGENPRESS.info)

Estados Unidos entrega armamento a la oposición Siria en su lucha armada para derrocar al presidente Bashar Asad, informó el representante de la Coalición Nacional de las Fuerzas Revolucionarias y de la Oposición Siria (CNFORS)

Jaled Saleh, en Washington.

"Estados Unidos entrega... cierto armamento de efecto letal" a la oposición en Siria, informó la agencia Reuters citando declaraciones de Saleh durante una conferencia de prensa ayer en Washington. El portavoz añadió que las autoridades estadounidenses están seguras de que el comando supremo de la CNFORS impedirá que se ese armamento quede en poder de "malas manos".

Antes, una fuente de la administración estadounidense dijo a Reuters que actualmente la oposición siria no cuenta con armamento de Estados Unidos. El secretario de Estado norteamericano, John Kerry, durante una
conferencia por internet subrayó ayer que los volúmenes de ayuda a la oposición siria aumentan, pero no detalló si a Siria llega armamento de Estados Unidos.

El pasado mes de junio, el Congreso levantó una restricción a los suministros de armamento estadounidense a la oposición siria. Según la prensa norteamericana, Estados Unidos planea entregar a la oposición armamento ligero y municiones.

miércoles, 11 de septiembre de 2013

De lo que no se habla sobre Siria

Vicenç Navarro
(PÚBLICO.ES)

Para entender qué está pasando en Siria hay que entender qué está pasando en Estados Unidos, lo cual no es fácil en España debido a la insuficiente y/o sesgada cobertura por parte de los medios de información españoles (con algunas excepciones) de la realidad de aquel país. Hoy Estados Unidos está viviendo un momento de gran conflictividad cuya resolución marcará el país por muchos años.

Por un lado, estamos viendo la aplicación de unas políticas de recortes de gasto público sin precedentes, recortes que se están justificando por la supuesta necesidad de reducir lo que se considera un excesivo nivel de déficit público. A fin de alcanzar la disminución de este déficit, se están recortando de una manera radical servicios del escasamente financiado Estado del Bienestar estadounidense, afectando especialmente a los servicios y transferencias públicas a las poblaciones más vulnerables, tales como el programa Food Stamps (vales alimentarios) que los Estados proveen en bases discrecionales y asistenciales a la población pobre que no tiene fondos para comprar alimentos y que el propio gobierno federal (su Departamento de Agricultura) define como "food insecure", que quiere decir, como señala en lenguaje más accesible el The New York

Times, "personas que tienen hambre" ("On the Edge of Poverty; at the Center of a Debate" 05.09.13. p. A3), y que son 49 millones de ciudadanos y residentes estadounidenses que representan nada menos que un 16,4% de la población de Estados Unidos (véase el informe Food Insecurity Survey. Department of Agriculture. US Federal Government. 2012).

Por otro lado, el Presidente Obama está pidiendo la aprobación del Congreso de Estados Unidos para llevar a cabo un acto de intervención militar contra el gobierno de Siria, aduciendo que dicho gobierno ha cometido un acto (la utilización de armas químicas en un conflicto armado) que debería ser penalizado. No sancionarlo implicaría -según el Presidente Obama- una pérdida de credibilidad, no solo de Estados Unidos, sino de la comunidad internacional, pues tanto el gobierno de Estados Unidos como la comunidad internacional se habían comprometido en varios tratados internacionales a no autorizar tales armas en los frentes de batalla. En la reciente reunión del G-20, el Presidente Obama señaló que "gasear gente inocente con armas químicas, incluso contra niños, es algo que nosotros no hacemos y que no debemos permitir" (Financial Times, 7 de septiembre de 2013, p. 4) ¿Qué credibilidad tienen los argumentos utilizados para justificar el bombardeo de Siria?

Tales argumentos aducidos por la Administración Obama, sin embargo, tienen escasa credibilidad. En realidad, el gobierno federal de Estados Unidos ha sido uno de los gobiernos que ha utilizado con más frecuencia armamento químico (y biológico) en los frentes de batalla. El caso más notorio fue la utilización por parte de las Fuerzas Armadas de Estados Unidos en Vietnam, Laos y Camboya de 45 millones de litros del Agente Naranja (una dioxina altamente tóxica), afectando a más de medio millón de personas (matándolas o hiriéndolas y deformándolas) entre las poblaciones bombardeadas en Vietnam, Camboya y Laos. Todavía hoy, y como secuela de aquellos bombardeos, existe un gran número de nacimientos de infantes con enormes deformidades entre las poblaciones de aquellos países expuestas a tal arma química, que continúa en el suelo de más de cuatro millones de acres de esos territorios. El gobierno federal de Estados Unidos ha utilizado también, además de armas químicas, armas bacteriológicas (también prohibidas en los tratados internacionales) en contra de varios países en América Latina (incluyendo Cuba, causa de la epidemia de dengue en 1981, que mató a 188 personas, incluyendo 88 niños). E incluso, más recientemente, el caso más notorio de utilización masiva de armas químicas fue el que llevó a cabo el gobierno iraquí (liderado entonces por Saddam Hussein) contra Irán, utilización con pleno conocimiento y apoyo del gobierno federal de Estados Unidos, que apoyaba al dictador iraquí en aquel conflicto (ver Jeffrey St. Clair "Germ War: The U.S. Record", CounterPunch. 03.09.13). Y el mismo gobierno federal de Estados Unidos tiene, entre sus aliados, algunos de los mayores violadores de derechos humanos hoy en el mundo, tales como Arabia Saudí, que tiene un enorme arsenal de armas químicas que, según varias cadenas de información, han sido proveídas a los extremistas islámicos, en la oposición al dictador sirio (ver Eric Draitser "Debunking Obama's Chemical Weapons Case Against the Syrian Government" CounterPunch Sept.02, 2013), los cuales poseen ese tipo de armas como ha indicado también Carla del Ponte, miembro de la Comisión Internacional de Investigación de las Naciones Unidas para investigar casos anteriores de utilización de armas químicas en Siria, que ha señalado la posesión y utilización de tales armas en el pasado por los rebeldes (ver David Lindorff "While House Document Proving Syria's Guilt does not pass Small text" CounterPunch, Sep.3, 2013). En realidad, dichas armas han sido utilizadas por los dos lados del conflicto en Siria.

Ni que decir tiene que la utilización de tales armas debe denunciarse y condenarse, sin ser selectivos y discriminatorios en tal denuncia (como es el caso notorio de Bernard Henri Levi, el filósofo francés que ha adquirido gran notoriedad por su oportunismo y selectiva denuncia de la utilización de esas armas, sin nunca haber hecho la denuncia de su utilización por parte de los estados estadounidense o europeos, incluyendo el estado francés (tal y como señala Diana Johnstone en su artículo "France's Philosopher Bombardier: No War for Bernard Henri Levi", Counter Punch, Sept. 3. 2013).

¿Por qué ahora y no antes?

Que hay que penalizar la utilización de ese armamento en cualquier parte del mundo y por cualquier estado es un punto sobre el cual existe bastante acuerdo internacional. Pero, ¿por qué ahora y no antes? ¿Y por qué Estados Unidos y no otros países? Y, ¿por qué no hacerlo a través de otros medios no militares o incluso, en caso de que fueran militares ¿por qué el gobierno federal de Estados Unidos y no otros? Para contestar a estas preguntas, hay que entender, como dije antes, la situación de Estados Unidos y los momentos históricos que este país está viviendo, lo cual raramente se hace en los medios. Veamos los datos.

Hoy Estados Unidos está en un momento de profunda crisis, habiéndose acentuado todavía más la deslegitimación del establishment financiero, económico, y político de aquel país a partir del periodo de imposición de medidas sumamente impopulares sin ningún mandato popular. La enorme influencia del establishment financiero y económico (lo que en Estados Unidos se llama la Corporate Class) en la vida política y mediática del país y el impacto sumamente impopular de las políticas públicas realizadas por las instituciones llamadas representativas han creado un rechazo generalizado hacia esos establishments. Hoy, desde la Seguridad Social (el sistema de pensiones públicas) hasta los servicios públicos del Estado del Bienestar están en peligro. Nunca antes el Estado del Bienestar estadounidense había estado tan amenazado como ahora (una situación que también ocurre en la Unión Europea y que alcanza dimensiones extremas en España).

Los recortes en las áreas sociales son enormes y, tal y como he indicado anteriormente, el Congreso acaba de aprobar un recorte de 40.000 millones de dólares al programa Food Stamps que alimenta a casi uno de cada tres niños en Estados Unidos (20 millones de niños asistidos). Estos recortes van acompañados de intervenciones públicas que benefician enormemente a la Corporate Class y a las rentas superiores del país, habiendo alcanzado unos niveles de desigualdad sin precedentes desde principios del siglo XX, al inicio de la Gran Depresión. Hoy, una persona del decil superior de renta en Estados Unidos vive quince años más que una persona del decil inferior (en España son diez años y en el promedio de la Unión Europea de los Quince son siete años).

La Corporate Class y su complejo militar industrial

Un eje central de la Corporate Class, que es enormemente poderoso (tal y como ya alertó en su día el General Eisenhower, más tarde Presidente del país), es el complejo militar industrial. La voz más crítica de este complejo fue Martin Luther King, que lo había denunciado como el gran defensor de la Corporate Class de Estados Unidos y que, para realizar su misión, consumía enormes recursos a costa de empobrecer el escasamente financiado estado del bienestar del país. Consume el 20% del presupuesto federal (718.000 millones de dólares), de los cuales 159.000 millones han sido gastados en las guerras de Irak y Afganistán (esta cifra no incluye los beneficios sociales de los veteranos de las guerras y otros servicios militares, cifra que alcanza otros 127.000 millones). El gobierno federal de Estados Unidos gasta más en sus Fuerzas Armadas que la suma en gastos militares de los 13 países que le siguen después por nivel de gasto militar. Es una inversión enorme, que se debe al poder de la industria armamentística. Más de 350.000 millones de dólares fueron a contratos por equipamiento y mantenimiento de material militar consumido en Irak y Afganistán (estos datos proceden de Brad Plumer, "America's staggering Defense Budget in Charts", The Washington Post January 7, 2013). Es un gasto público enorme que configura la economía de Estados Unidos y gran parte de sus políticas públicas. En realidad (según los cálculos de Dean Baker y David Rosnick del Center for Economic and Policy Research de Washington), más del 26% del déficit público del estado federal se debe al gasto en las intervenciones militares de Afganistán e Irak, así como el pago de otras intervenciones que han estado ocurriendo a una frecuencia de un conflicto cada tres años en los últimos treinta años.

Y este gran poder deriva de su función que es la de defender globalmente y mundialmente los intereses primordialmente de la Corporate Class de aquel país. Todo este gasto público se realiza a costa de un enorme sacrificio del bienestar de las propias clases populares de Estados Unidos (como denunció Martin Luther King, tal como indico en mi artículo "Lo que no se dijo sobre Martin Luther King", Público, 3 de septiembre de 2013). No existe plena conciencia fuera de Estados Unidos de que las clases populares de este país son las primeras víctimas de tal "sistema imperial", tal y como lo definió Martin Luther King. Hoy, a la vez que se están reduciendo los fondos alimentarios para la población pobre, se están haciendo preparativos militares que costarán más de 1000 millones de dólares.

La enorme crisis de legitimidad del sistema político estadounidense

El enorme descrédito de la Corporate Class, de sus instituciones representativas (la mayoría de fondos que los políticos se gastan en sus campañas proceden de miembros de tal clase social, situación legalizada por la Corte Suprema de Estados Unidos), acentuado por la gran crisis actual, donde el estándar de vida de las familias estadounidenses ha ido disminuyendo en los últimos treinta años (y muy marcadamente en estos años de crisis), explica el creciente hartazgo de la población hacia las instituciones políticas. Ya antes de que apareciera Siria en el horizonte, el Stimson Center publicó en mayo una encuesta en la que se pedía la opinión de los ciudadanos sobre su percepción y deseos sobre el gasto militar.
La gran mayoría de la ciudadanía quería una reducción radical del gasto militar mucho más acentuada que cualquier propuesta hecha en el Congreso o por la Casa Blanca. En realidad, ya en respuesta a este enfado generalizado y hartazgo de guerras, la Administración Obama había hecho propuestas (consideradas muy insuficientes por la mayoría de la población) de bajar tal gasto, habiéndolo reducido en los últimos años.

El bombardeo de Siria, sin embargo, costará, según cálculos iniciales, más de 1.000 millones de dólares (lo cual ha incrementado inmediatamente, tal y como informó el Boston Herald (31 Agosto 2013), el valor de las acciones –que estaban bajando– de las empresas productoras de material militar tales como General Dynamics, Boeing, BAE Systems, Raytheon y muchas otras). Mientras, como indiqué en el párrafo anterior, el mismo gobierno federal está recortando fondos para alimentar a niños que pasan hambre.

La llamada a la intervención militar en Siria

El argumento aducido por la Administración Obama para bombardear Siria –la penalización al gobierno Asad por el empleo de armas químicas- carece, como he dicho antes, de credibilidad, pues tales armas se han utilizado anteriormente en el conflicto sirio, por ambas partes, tal y como documentó la Comisión de Derechos Humanos de las Naciones Unidas en su investigación de la situación en Siria así como en muchos otros conflictos llevados a cabo por Estados Unidos (como en Vietnam), o por sus aliados, como Israel en 2009, en su represión de la población palestina de Gaza (tal y como ha denunciado Amnistía Internacional y señalado Chris Hedges, jefe de la oficina del Middle East del The New York Times (ver la entrevista en mi blog www.vnavarro.org), o, como he indicado anteriormente, por los aliados de Estados Unidos, como el entonces aliado Saddam Hussein en su lucha contra Irán en 1988. En realidad, la historia de Estados Unidos está llena de casos de utilización de armas biológicas y químicas, tanto por su gobierno como por sus aliados.

¿Cuál es, entonces, el motivo real para iniciar tal bombardeo de Siria? Hay varios motivos, todos ellos relacionados con la situación en Estados Unidos. La pérdida de legitimidad del establishment de aquel país es enorme y se encuentra en una situación muy defensiva, acorralada. Siente que tiene que hacer algo, tanto en el interior como en el exterior del país. El Medio Oriente (de enorme importancia estratégica para el establishment estadounidense i europeo) está en una situación volcánica, en la que Estados Unidos está perdiendo el control. Hoy esta zona del mundo es un volcán que está explotando.

Para aquel establishment de Estados Unidos y europeo, Irán es el centro del mal, que quiere decir que puede afectar más negativamente sus intereses. La alianza Siria-Irán, apoyada por Rusia, representa una amenaza a la hegemonía de Estados Unidos en aquella zona. Y últimamente parecía que el dictador Asad en su lucha contra los rebeldes podría prevalecer y ganar en aquel conflicto. De ahí que se intente ahora aprovechar el incidente de las armas químicas para atacar y debilitar a tal gobierno. Este es el objetivo de tal intervención: intentar recuperar tal hegemonía que está perdiendo el gobierno federal de Estados Unidos (y de Europa), tanto en el exterior como en el interior.

Y una de las primeras movilizaciones en contra de esta recuperación del dominio procede precisamente de las clases populares de Estados Unidos. Para el Presidente Obama, tal decisión de bombardear Siria le significará un enorme coste político. Como muy bien ha señalado el que fue

Ministro de Trabajo del gobierno Clinton, Robert Reich (ver Robert Reich "Obama's Political Capital And the Slippery Stone of Syria"), tal intervención, que le iría muy bien al establishment estadounidense para desviar la atención del país hacia el exterior, (en un momento de grandes tensiones dentro del país), le debilitará mucho independientemente de que sea o no aprobada por el Congreso de Estados Unidos (una institución que sólo goza de un 15% de apoyo popular, precisamente por percibirse por parte de la población estar instrumentalizada por la Corporate America).

Es probable que la Cámara Baja del Congreso (la menos alejada de la población) vote en contra debido al enorme enfado que la población ha mostrado a la mayoría de congresistas en sus distritos. Han sido precisamente las bases del Partido Demócrata (el movimiento sindical, el movimiento de derechos civiles, el movimiento feminista y el ecológico progresista) las que se han opuesto más a tal bombardeo. Y hoy, la movilización popular contra tal intervención (que está bombardeando el Congreso con llamadas y mensajes contra la intervención militar) está generalizada. Pero el establishment de EEUU está movilizándose a través de los medios de información para que el Congreso autorice tal intervención.

Hoy, la población recibe constantemente mensajes que la credibilidad del país está en juego, indicando que el rechazo se leerá como una negación por parte del pueblo estadounidense a continuar liderando las fuerzas que representan la democracia y la libertad, un mensaje que se ha repetido continuamente para defender dictaduras y regimenes feudales (y que van desde Arabia Saudí y Qatar a Honduras y antes Haití) que han estado oprimiendo la libertad y la democracia.

Ocurra lo que ocurra, se inicia una nueva etapa en Estados Unidos (incluso en caso de que la Cámara Baja apoyara la intervención), donde la población, y muy en particular las clases populares, están hartas de las guerras e intervenciones del gobierno de Estados Unidos para defender lo que Martin Luther King llamaba el "rol imperial" de la Corporate Class, que está perdiendo muy rápidamente su apoyo popular. Y este es el punto clave que marcará claramente un cambio importante en la historia de Estados Unidos (y creo que también del mundo).

Vicenç Navarro es Catedrático de Políticas Públicas, Universidad Pompeu Fabra y Profesor de Public Policy en The Johns Hopkins University. Columna "Pensamiento Crítico" en el diario PÚBLICO, 10 de septiembre de 2013.

CONCLUSIÓN

Todos tenemos identificados al gobiernos de EEUU y a sus aliados, o sea, la Unión Europea y otros que veremos actuar en el próximo estallido de la 3ra GUERRA MUNDIAL, como son Rusia, China y los países árabes alineados de mayor a menor según el grado de su cobardía.

Sin embargo, detrás de esta terrorífica empresa, hay un monstruo agazapado que ejerce su dominio sobre todo el aparato criminal, que es el "sionismo israelí", que no son, de ninguna manera, todos los israelitas, que también son víctimas de este poder Internacional, como todos nosotros.

Y si no lean esto:

Quienes son los que mandan verdaderamente

Presentation Transcript by Muro del Honor Patriotico on Feb 13, 2013

1. Al Fin la respuesta del porque el Mundo esta tan mal ! después de 96 años se descubrió el secreto mejor guardado de la historia: Desde el 23 de diciembre de 1913, El Banco Privado de la Reserva Federal se apoderó de los EEUU y la inmensa mayoría del mundo no lo sabe. Por voluntad de ellos se declaran guerras, se financian atentados (torres gemelas, atentado en Londres, atentado en Madrid), se asesinan presidentes (Jaime Roldos, Omar Torrijos, Kennedy, Warren Harding, McKinley,

James Garfield, etc), trafican con armas de destrucción masiva (Carlyle, Bechtel, Lookheed Martin, Raytheon,General Dynamics, McDonnel Douglas, Boeing, Northrop Grumman). Estos banqueros son dueños de los medios de comunicación (FOX, CNN, NBC, ABC, CBS, BBC, New York Times, Washington Post, etc) utilizan la estrategia de distraer a la población con programas de TV superficiales, productos tecnológicos de corta duración, reality shows y dibujos animados que ridiculizan los valores familiares. Noticias de asesinatos y crímenes con el propósito de destruir poco a poco nuestra confianza en el prójimo, evitando la unión de las personas y una revuelta popular mundial.

2. La Reserva Federal es la propietaria de la NSA, la CIA (escuela de terroristas), el Pentágono, BIS, FMI, Banco Mundial, además de tener voto en las Naciones Unidas y la OTAN. Poderosos de los Poderosos: Principales familias mafiosas dueñas de la Reserva Federal:

1. Familia Rothschild (Londres, Berlín e Israel)

2. Familia Rockefeller (USA e Israel)

3. Familia Morgan (Inglaterra)

4. Familia Warburg (Alemania)

5. Familia Lazard (París, Francia)

6. Familia Mosés Israel Seif (Italia, Israel)

7. Familia Kuhn, Loeb (Alemania y USA)

8. Familia Lehman Brothers (USA)

9. Familia Goldman Sachs (USA) Estas familias Mega-Ricas y sus descendientes, son intocables por la justicia y exonerados de impuestos de por vida. Cada vez que hacen un "salvataje económico" en realidad están COMPRANDO los bancos y financieras del mundo, apropiándose poco a poco del país al que "salvan". ¿Que tienen en común estos siniestros personajes?

Que todos son de SANGRE JUDÍA.

La revista Forbes es una farsa que muestra sólo millonarios populares de segundo nivel como Bill Gates o Warren Buffet, logrando desviar la atención sobre las actividades ilícitas que cometen los Verdaderos Mega-Ricos dentro de la Reserva Federal.

3. Míralos Bien: Ellos son Los jefes del Presidente !No existe gobierno, presidente o ejercito que este por encima de ellos, te presentamos a los Jefes del Presidente de los EEUU. Ellos trabajando junto al poderosísimo grupo Bilderberg, la CFR, el instituto Tavistock y la CIA, forman la Elite que decide que país atacar, que presidente matar, que "atentado terrorista" financiar, que crisis económica planear, que "pandemia" inventar. Si la fortuna de estas dos personas se repartiera a los 6000 millones de personas que habitan nuestro planeta, a cada uno

le tocaría tres millones de dólares … si! … lo escucho bien: 3millones de dólares !!

4. La obra maestra de la Reserva Federalfue el Autoatentado de las Torres Gemelas Utilizando el poder de convencimiento de las cadenas de Televisión, se mostró un falso video donde un actor haciéndose pasar por Bin Laden se proclamo autor del atentado. Cuando en realidad las torres contenían explosivos colocados por agentes de la CIA y aviones preparados por el ejercito norteamericano. Pruebas:

1) Derrumbe al estilo Demolición Controlada de ambas torres, se ve a simple vista.

2) Desaparición de videos que muestran explosiones muy por abajo de donde chocaron los aviones y donde se ve caer metal derretido (el combustible de avión jamás derrite el metal).

3) Derrumbe a las 5pm de una TERCERA TORRE (WTC 7) sin que ningún avión la haya tocado.

4) Restos de "Thermite" (poderoso explosivo usado en la industria de la demolición) encontrados en el lugar de las torres.

5) Al Qaeda es el nombre que le dio la CIA al movimiento de los mujaidines que lucho contra la unión soviética en los años 80. ¡ la mas hipócrita acusación de la historia !

6) EEUU se esta quedando sin petróleo y planeó el atentado para saquear los campos petroleros de rak, comercializar con órganos humanos y apropiarse de los campos de droga Amapola/Opio de Afghanistan, el cual exportan a países como China y su mano de obra barata.

7) Lo que impacto en el pentágono no fue un avión, testigos silenciados vieron un misil tele-dirigido a un área en construcción del pentágono donde casi no habían oficinas. Por eso se vio sólo un agujero y no las ◊marcas de las alas del "supuesto avión" .... Sigue

8) Luego del auto atentado, se dio facilidades a los familiares del verdadero Bin Laden (socios petroleros de Bush), para dejar EEUU y no responder a la prensa.

9) Presentación en TV de una fraudulenta lista de supuestos "terroristas" que pilotearon los aviones, cuando la mayoría de ellos ni siquiera estaban en EEUU.10) El anuncio que le hicieron a Aaron Russo (famoso político y cineasta) en una fiesta de Nick Rockefeller, donde este le confesó que un "evento" (atentado) ayudaría a EEUU llevarse el petróleo de Irak, 9 meses antes que ocurriera el Auto atentado La mafia Banquero-Petrolera de la Reserva federal es el origen de los males de nuestro mundo actual, Todas las guerras, atentados, provocaciones (contra Corea del Norte/Iran), el cuento de la "Gripe A" (negocio de la empresa Gilead Sciences de Donald Rumsfeld, secretario de

defensa de Bush), la crisis mundial anticipada por la super computadora High-Frecuency co-ubicada de Wall Street. Todo esto y muchas cosas mas que nunca sabremos, tienen su origen en las decisiones tomadas por las familias banquero-petroleras mafiosas de la Reserva federal. Ahora lo sabes: No es el diablo, ni los extraterrestres, ni las sectas, ni los reptilianos los que ocasionan el mal en el mundo, es simplemente un Banco Privado que gracias a un Golpe de Estado secreto ocurrido en 1913, ahora dirige la nación más poderosa del planeta.

6.¿Qué puedo YO hacer? Simplemente reenviar este mensaje, porque si la Reserva Federal sigue en el poder, es gracias al Total desconocimiento de la población mundial. Beneficios para Todos si no gobernara la Reserva Federal :

1) Fin de las guerras: porque la Reserva Federal dejaría de entregar dinero al congreso y evitaría que empresas (Harriburton) lucren con la muerte.

2) No existirían crisis mundiales, sólo afectarían a los países que las generan.

3) Se acabarían los ataques terroristas financiados por la CIA como excusa para robarse recursos naturales e intervenir en los gobiernos del mundo.

4) Libre acceso a la Cura del Cáncer y del SIDA, que se encuentran celosamente guardados en el instituto Rockefeller.

5) Comenzaría la era del Auto Eléctrico Ecológico, aparecido en 1996 (EV1-GM) y destruido 6 años después de su lanzamiento por los banquero-petroleros.

6) Descenso de la inflación a nivel mundial debido a que dejarían de imprimirse Trillones de dólares por la Reserva Federal

7) Alimentos mas baratos para todos debido al fin de monopolios controlados por la Reserva Federal que prohiben a los países qué importar y qué no.

7. Para los que no creen: Otra Prueba de ello es la perversa persecución y cargos falsos creados por la Reserva Federal contra el ciudadano Julian Assange (propietario deWikileaks.org), sólo por difundir la verdad sobre torturas y asesinatos de civiles y niños inocentes en la guerra del saqueo petrólero en Irak. Ver video enYoutube "collateral murder subtitulado" (antes que sea borrado) donde muestra un helicóptero americano ametrallando sin misericordia una camioneta con dos niños a bordo, luego de acribillar a un grupo de civiles que tranquilamente caminaban por la calle. Julian Assange representa lo que nos puede pasar a nosotros como ciudadanos libres, si seguimos dejando que la gente ignore lo que le hace al

mundo la Reserva Federal Hemos vuelto a la época de la inquisición y nadie se da cuenta! Antes para torturar una persona inocente se le acusaba de "Hereje o Ateo", ahora se le acusa de "Terrorista". Y en lugar de pasear a la victima ante la multitud, lo destruyen exponiéndolo en la TV a nivel mundial, así todos creen el cuento.

8. Para los que no creen y desean investigar por si mismos

*Libros (la mayoria disponibles en internet):

"Secretos del club Bilderberg" de Daniel Estulin

"Hitler ganó la guerra" de Walter Graciano

"Nadie vio Matrix" de Walter Graziano"Confesiones de un Ganster económico" de John Perkins

*Documentales (la mayoria en youtube):

"Zeitgeist addendum" de Peter Joseph

"End Game" de Alex Jones

"ZERO inchiesta sull´ 11 settembre" de Giulietto Chiesa

"America Freedom to fascism" de Aaron Russo

"Farenheit 9/11" de Michael Moore

"Power of the Nightmares" de la BBC

*Películas prohibidas en EEUU:"El valle de los lobos, Iraq" de Kurtlar Vadisi

"Redacted" de Brian de Palma"Al Sur de la Frontera" de Oliver Stone

"The International" de Tom Tykwer

9. "La cruel Reserva Federal puede seguir reinando en el mundo 100 años más si se sigue manteniendo su secreto ó … Apresurar su caída, si más gente como tu se entera de esto".Evitemos las Próximas Guerras planeadas por la Reserva Federal dentro de los próximos 25 años: Contra: Irán, Palestina, Libia, Costa del marfil, Yemen, Siria, Corea del Norte, Venezuela, Pakistán, Emiratos Árabes, Arabia Saudita (cuando el petróleo se agote) China y Rusia. Reenvía este mensaje, Ahora Si te Necesitamos!

Un gobierno invisible nos controla a todos, los illuminati, no es ciencia ficcion

por Administrador

Conociendo al enemigo

¿Existe un Gobierno Invisible que decide a espaldas del electorado los destinos del mundo? Estaría formado externamente por banqueros, economistas y comandados por los poderosos presidentes norteamericanos. ¿Fue un auto atentado lo del 11 de Septiembre en Nueva York, como excusa para imponer una nueva guerra? Hoy, sin lugar a dudas, la respuesta, crudamente, es: "SI".

Es difícil creer que en un mundo tan "democrático" como el del siglo XXI, en esta era tecnológica, estemos aún sometidos como esclavos inconscientes a poderosas fuerzas que pretenden dirigir nuestras vidas, manipular nuestros deseos y pensamientos.

Nos manipulan cuando comemos hamburguesas super Mac con papas fritas gigantes, cuando usamos franelas Tommy Hil... no sé que otra cosa, cuando para negociar somos nosotros quienes debemos hablar en inglés y no ellos en nuestro idioma...

Es el Gobierno Todopoderoso, el que dirige a los demás Estados nacionales.Pero quizá esto no sea lo más grave, ni siquiera es un asunto reciente...

Un gran estadista inglés, Benjamín Desraeli dijo que "el mundo está gobernado por personajes muy diferentes a los que creen los que no ven más allá de sus ojos".

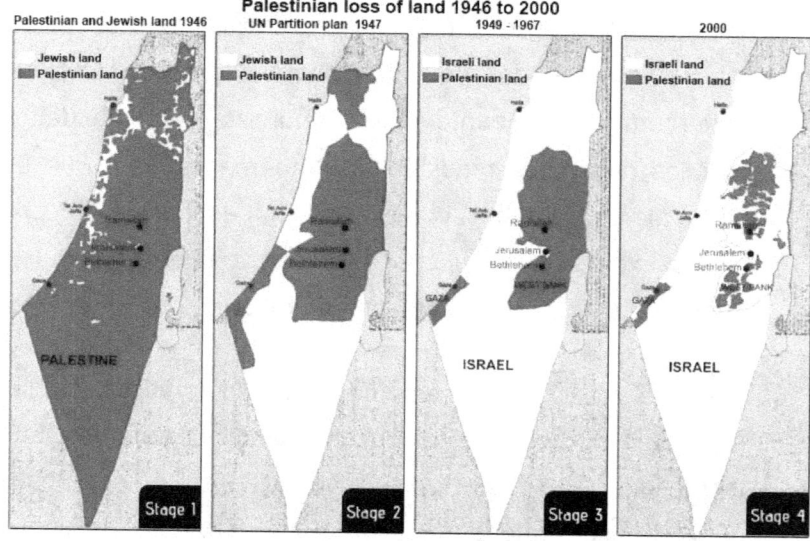

Palestinian loss of land 1946 to 2000

Palestinian and Jewish land 1946 | UN Partition plan 1947 | 1949 - 1967 | 2000

Stage 1 — Stage 2 — Stage 3 — Stage 4

Al parecer, los acontecimientos que hoy vivimos están programados desde hace más de doscientos años por una elite de personajes famosos, cuyos seguidores siguen actuando en las sombras.

GOBIERNO DIABÓLICO

En 1906 apareció a la luz pública un documento conocido como el "Testamento de Satán", hoy conservado en el Museo Británico, de Londres. En una de sus partes dice: "los que seducen al pueblo con ideas políticas y falsas morales están sujetos a nuestro yugo. Tienen que socavar el prestigio de los gobiernos nacionales y los pilares de los Estados de derecho.

"Cuando decepcionados por sus gobernantes, los pueblos clamen justicia, será el momento de entronizar a nuestro soberano al mando de un Gobierno Mundial.

Aunque surja un Espíritu Heroico que se nos oponga, no podrá medirse con guerreros entrenados como nosotros. Habrá llegado tarde."

Los dueños del mundo o quienes quieren llegar a serlo parecen necesariamente ligados a logias secretas y hasta satánicas.

El mismo Winston Churchil confirmó esta teoría, cuando sentenció que "aquel que no vea que en la Tierra se está llevando a cabo una gran empresa, un importante plan en el cual colaboramos como siervos fieles, está ciego". Por cierto, la señal de Churchil mostrando su mano con el dedo índice y el medio en V, que fue interpretada como señal de victoria, hoy se sabe que significaban los cuernos del diablo, ya que Churchil, como muchos estadistas. pertenecían o pertenecen a sectas satánicas.

Una de las familias más influyentes de los EE.UU. (si no la más...) Los Rotschild (recuerde siempre este apellido), son parte de la clave para descifrar este entramado de las oscuras redes del moderno poder económico mundial.

Un miembro importante del llamado "Consejo Masónico de los Trece", John Todd fue entrevistado años atrás para que aclarara el simbolismo de la pirámide y del ojo resplandeciente que figura en el anverso de los billetes de un dólar. Tood confesó que "el sello de la pirámide fue creado por Rotschild (refiriéndose al patriarca de la familia en su ciudad natal de Frankfurt, Alemania) y traído a Norteamérica por Benjamín Franklin, un adepto a sus mismos ideales. Los Rotschild son la cabeza de una antigua Organización de la cual forman parte hermandades ocultas de todo el mundo. Una organización luciferina para instaurar su gobierno en todo el planeta. El ojo en la pirámide es también el ojo de Lucifer. Hace unos años atrás James Warburg banquero asociado a los Rotschild y a los Rockefeller (la segunda familia más influyente) anunció en el senado norteamericano que "guste o no, tendremos un gobierno mundial. La cuestión es si se logrará mediante consentimiento o por imposición".El Tratado de Maastrich que dio paso a la Unión Europea, ha sido también planificado por los mandatarios ocultos.

DINERO Y PODER

Tienen dinero y tienen poder. La infraestructura necesaria para que la maquinaria de control de la humanidad funcione, exige miles de millones de dólares, infraestructura humana y una organización que domine los medios de comunicación y controle la información.

En su libro "Tragedia y Esperanza", Carrol Quigley escribe: "la red de conspiración que mueve los hilos del mundo, está formada por banqueros y capitalistas internacionales: es decir el alto mundo de las finanzas. Reúnen a su alrededor un ejército de científicos, tecnócratas, políticos y agentes marionetas, para hacer desde las sombras su alta política".

Y agregando datos muy interesantes, remata con que "los imperios económicos internacionales están interesados en promover el endeudamiento de los Gobiernos. Cuanto más alta sea la deuda, más caros serán los intereses. Pero además pueden exigir al presidente de turno privilegios fiscales, monopolios de servicios o contratos de obras. Si este no acepta, provocarán su caída, promoviendo disturbios y huelgas que, al empobrecer a la nación, les obliga a claudicar ante lo que piden".

Cuando a George Bush padre le preguntaron luego del derrumbe de la Unión Soviética qué sucedería, respondió "What we says, goes" ("Lo que decimos, sucede"). Ese "we" (nosotros) no hacía referencia específica al Gobierno de EE.UU., sino —según una teoría de investigador Garry Allen— al CFR, una agencia financiada por los Rockefeller conocida en el "establishmen" norteamericano, por "El Gobierno Invisible". El propio Adler escuchó de boca de unos de sus dirigentes la siguiente afirmación "no importa a quien voten los pueblos, siempre nos votará a nosotros...". Las principales "delegaciones" de la CFR están en Alemania y en Tokio.

Un ex presidente del gobierno albano en el exilio también declaró "...un puñado de personas y la CFR toman las decisiones. Es un poderoso "club privado" que domina todos los gobiernos del mundo. Están confabulados. Quieras o no, hay que hacer lo que ellos dicen. Aparentan luchar contra el comunismo, pero al mismo tiempo lo financian, y aparentan luchar contra el terrorismo, pero al mismo tiempo lo financian..."

"En política nada es casual" sentenció Roosvelt y a la vista del "Testamento de Satán" lo que está ocurriendo ahora, fue planeado por La CFR, la Trilateral (EE.UU., Europa occidental y Japón), el FMI y por Maastrich.

El senado de los EE.UU. aprobó en 1913 un proyecto por el cual Rotschild pudo unir sus proyectos a los Morgan (otra familia influyente) y a los Rockefeller, porque hasta ese momento estaba prohibido que capitales extranjeros se involucrasen en la banca, como en este caso, capital alemán.

En ese entonces, el famoso aviador Charles Lindbergh, era senador norteamericano. Refiriéndose a este suceso, declaró: "...con esta ley se constituirá el Consorcio más gigantesco de la Tierra. Cuando el presidente la firme, legalizará el Gobierno Invisible de los amos del mundo". Como consecuencia de estas afirmaciones, su hijo fue secuestrado y asesinado.

CONSPIRACIÓN MUNDIAL

El desaparecido investigador español Andreas Faber Kaiser (muerto en extrañas circunstancias hasta hoy día silenciadas luego de haber realizado investigaciones que acusaban al gobierno español y a poderosos empresarios de la muerte de un centenar de personas por contaminación de un aceite) escribió sobre "La Conspiración Mundial": "analizando la correspondencia intercambiada entre dos cualificados miembros de la cúpula satánica de "Los Iluminados" se desprende que somos cobayas de un destino planificado". (las cartas fueron escritas en 1871)

¡En estas cartas se planifican las tres guerras mundiales! "la Primera Guerra Mundial explicaba Faber-Kaiser, debía generarse para permitir el derrocamiento de los zares de Rusia y transformar este país en la fortaleza del ateísmo. Una vez concluida esta, el comunismo debía ser utilizado para destruir otros gobiernos y debilitar las religiones. La Segunda Guerra Mundial debía fomentarse aprovechando las diferencias entre nazis y sionistas políticos (aún cuando gran parte del capital sionista financió al nazismo con la promesa de Adolf Hitler de ofrecerles alguno de los territorios anexados para fundar el Estado de Israel. El principal objetivo era el territorio palestino, la isla de Madagascar o... Argentina). La lucha debía iniciarse para destruir el nazismo e incrementar el sionismo político, con tal de permitir el establecimiento del estado soberano de Israel en Palestina."

El objetivo de estas dos guerras se ha conseguido, pero veamos lo que se desprende de esta correspondencia con respecto a la Tercera Guerra Mundial. "La Nueva Guerra Mundial, según leyó A.F.K., se deberá fomentar aprovechando las diferencias promovidas por los agentes de Los Iluminados entre el sionismo político y los dirigentes del mundo musulmán. La guerra deberá orientarse de forma tal que el Islam y el sionismo político se destruyan mutuamente, mientras que otras naciones se vean obligadas a entrar en la lucha, hasta el punto de agotarse física, mental, espiritual y económicamente."

La secta de "Los Iluminados" (Illuminatti) fue creada por el judío-alemán Adam Weishaupt, el 1° de mayo de 1776. Este año aparece también junto a la pirámide y el ojo en el dólar. Prueba más contundente de que EE.UU. es el bastión de los Illuminati y de su "real existencia", no puede existir.

EL NUEVO ORDEN MUNDIAL y LA GRAN IMPOSTURA

Los amos del poder norteamericano, dijimos que son en primer lugar los Rotschild, luego los Rockefeller y a los que agregamos la familia Bildenberg. Todos ellos son miembros de selectos "clubes", integrados por los quinientos hombres y organizaciones más ricas e influyentes del mundo que se proponen la instauración del un "Nuevo Orden Mundial". Precisamente en el llamado "club Bildenberg" militan activamente en la actualidad, los Bush, padre e hijo y un conocido nuestro, Gustavo Cisneros.

John Fitzgerald Kennedy, pocos meses antes de ser asesinado por los Illuminati, declaró ante la prensa de su país que el destino de los EE.UU. no podía estar a merced de "500 hijos de puta" (textual). "Voy a investigar", exclamó. El resto, ya es historia.

También están "El Consejo de los 33", "El Supremo Consejo de los Trece", "El Tribunal" y el casi innombrable "Grado 72". No es excluyente pertenecer a un grupo y a otro no. Es más: George Busch es un iniciado de Grado 33 en el Supremo Consejo... o sea... ningún niño en estas lides.

También hay una estrecha vinculación entre estos grupos de los EE.UU. y el mundo judío. La enigmática secta judía "B'Nai B'Rit" cuenta entre sus miembros de elite a todos los "poderosos" nombrados anteriormente y por supuesto a Henry Kissinger. Fundadores de "La Triateral" o del mismísimo "Lyons Internacional", extienden su poder por todo el planeta.

Hoy el gobierno de Busch y el de Ariel Sharon son los aliados incondicionales en la lucha por derrotar a los árabes y palestinos. Es más, al actual Estado de Israel se lo conoce con el mote de "el acorazado de arena" en clara alusión a su subordinación estratégica en medio oriente con respecto a los EE.UU.

La "moralidad" de G.B. Junior, quien congeló los fondos de planificación familiar para promover entre los jóvenes la abstinencia antes del matrimonio (y que, según escribió Juan José Millás en el diario El País, "sustituyó la afición al whisky por la afición a la pena de muerte, para convencer a los jóvenes de que no puede haber nada más heavy que el espectáculo de un negro chamuscándose en la silla eléctrica"), no sería absolutamente nada comparada con la hipótesis (hoy casi una certeza a la luz de los nuevos hallazgos) de que detrás de los atentados del 11-S en Nueva York, estuvieran las mismas manos ensangrentadas del presidente actual de los EE.UU., haciéndole "una segundita" a Sharon y provocando así el detonante que esos poderosos "amigos del cachudo" quieren lograr.

Terry Meyssan, saltó a la luz pública cuando salió a la venta su reciente libro "La Gran Impostura"; este autor afirma que "los atentados del 11-S fueron llevados a cabo por un sector del Ejército de EE.UU." (Ver ataque al pentágono en esta misma página).

Meyssan, cuyo libro es actualmente uno de los best sellers a nivel mundial, difundió fotos aéreas del Pentágono, probando que ningún avión se hubo estrellado allí y afirma que el 10 de septiembre Ben Laden estaba internado en un hospital de Pakistán, realizándose una diálisis, y que ese mismo día recibió la visita de un alto funcionario de la CIA en ese país.

"Me gustaría —declaró Meyssan en una rueda de prensa en Madrid— que los ciudadanos volvieran a desempeñar un papel más activo y a meditar sobre lo que sucede, sin creerse cualquier estupidez que se les diga, aunque venga del Departamento de Defensa de EE.UU."

El 1° de Agosto de 1972, después de "el sábado de las brujas" Philip von Rotscild anunció en el Casino Building de San Antonio, Texas (el Estado de los Busch) y ante los "honorables" miembros del "Consejo de los Trece", los planes establecidos para dominar al mundo desde 1980 en adelante. La siguiente sentencia marcaba el punto de partida: "Cuando vean apagarse las luces de Nueva York, sabrán que nuestro objetivo se ha conseguido" ¿casualidad? No. Yo por lo menos no creo en las casualidades.

Por cortesía de: Martha González

(Periodista y directora del Círculo Bolivariano de Galicia)

http://groups.msn.com/CirculoBolivarianoGalicia/_whatsnew.msnw

¿Qué podemos hacer? No creer en lo que nos dicen los medios. O mejor aún, pensar que lo contrario a lo que dice, ES LA VERDAD.

A LOS HOMBRES QUE DEBEN APRETAN UN BOTÓN EXTERMINADOR, POR MANDATO DE ESTOS DEMONIOS, SÓLO LES QUEDA DESERTAR.